苏秉琦（1909—1997），中国考古学家，先后担任中国社会科学院考古所研究员，北京大学历史系考古教研室主任、教授，中国考古学会理事长。致力于创建中国考古学的学科理论和建立具有中国特色的考古学派，积极推动考古学的科学普及。20世纪70年代以来，先后提出中国六大文化区系类型理论，"古文化古城古国""中国古代国家起源三部曲"和"发展模式三类型"等具有影响力的学术理论；90年代初提出世界性的中国考古学。著有《瓦鬲的研究》《斗鸡台沟东区墓葬》《华人·龙的传人·中国人：考古寻根记》等，主编多卷本《中国通史·远古部分》《考古学文化论集》。

中国文明起源新探

苏秉琦 著

生活·讀書·新知 三联书店

Copyright © 2019 by SDX Joint Publishing Company.
All Rights Reserved.
本作品版权由生活·读书·新知三联书店所有。
未经许可，不得翻印。

图书在版编目（CIP）数据

中国文明起源新探／苏秉琦著.—北京：生活·读书·新知三联书店，2019.10（2025.6 重印）
（当代学术）
ISBN 978-7-108-06625-1

Ⅰ.①中… Ⅱ.①苏… Ⅲ.①文化起源（考古）－研究－中国 Ⅳ.① K871

中国版本图书馆 CIP 数据核字（2019）第 100177 号

责任编辑	曹明明
装帧设计	宁成春
责任印制	董　欢
出版发行	生活·讀書·新知 三联书店
	（北京市东城区美术馆东街 22 号 100010）
网　　址	www.sdxjpc.com
经　　销	新华书店
制　　作	北京金舵手世纪图文设计有限公司
印　　刷	河北鹏润印刷有限公司
版　　次	2019 年 10 月北京第 1 版
	2025 年 6 月北京第 7 次印刷
开　　本	635 毫米 × 965 毫米　1/16　印张 14
字　　数	83 千字　图 177 幅
印　　数	33,001－37,000 册
定　　价	78.00 元

（印装查询：01064002715；邮购查询：01084010542）

当代学术
总　序

　　生活·读书·新知三联书店从 1986 年恢复独立建制以来，就与当代中国知识界同感共生，全力参与当代学术思想传统的重建和发展。三十年来，我们一方面整理出版了陈寅恪、钱锺书等重要学者的代表性学术论著，强调学术传统的积累与传承；另一方面也积极出版当代中青年学人的原创、新锐之作，力求推动中国学术思想的创造发展。在知识界的大力支持下，通过多年的努力，我们已出版众多引领学术前沿、对知识界影响广泛的论著，形成了三联书店特有的当代学术出版风貌。

　　为了较为系统地呈现中国当代学术的发展和成果，我们以上世纪八十年代以来刊行的学术成果为主，遴选其中若干著作重予刊行，其中以人文学科为主，兼及社会科学；以国内学人的作品为主，兼及海外学人的论著。

　　我们相信，随着当代中国社会的繁荣发展，中国学术传统正逐渐走向成熟，从而为百余年来中国学人共同的目标——文化自主与学术独立，奠定坚实的基础。三联书店愿为此竭尽绵薄。谨序。

生活·读书·新知三联书店
2017 年 3 月

苏秉琦先生

北平师范大学读书时,与同学会部分成员合影(左二为苏秉琦)

1938年底,摄于昆明

这是到达昆明之后的第一张照片,当时国立北平研究院院长李书华款待刚到昆明的人员看电影,在新落成的电影院拍摄了这张照片

1947年，在北平研究院办公大楼东侧的四合院（右侧是顾颉刚先生的临时住房，左侧是苏秉琦先生家）

和史学研究所人员在怀仁堂西四所院子里的合影（摄于1947—1948年）

1950年,考古所成立时的主要成员
(左起:苏秉琦、徐旭生、黄文弼、夏鼐、许道龄、陈梦家)

河北蔚县西合营乡三关村考古座谈会(陶宗冶摄于1982年7月)

1977年，在河姆渡遗址，休息期间摸陶片

在琉璃河遗址（摄于1983年11月）

张光直和苏秉琦（1984年在北京大学）

1985年，苏秉琦、张政烺在晋文化研究会上题《晋文化颂》

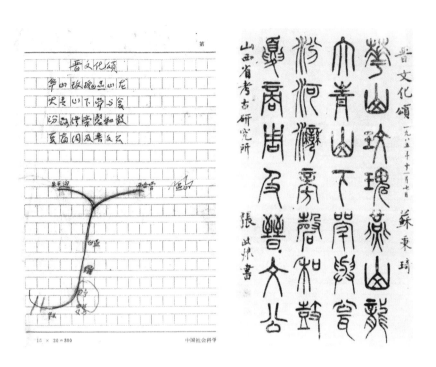

苏秉琦先生手绘"三岔口示意图"
（绘于1982年8月）

张政烺篆书《晋文化颂》

在牛河梁工作站,这张照片一直悬挂在苏秉琦先生的卧室里

苏秉琦先生 1985 年于福州

这是苏秉琦先生生前最喜爱的照片之一。他说:"我们的考古学,经过几十年的风风雨雨,已经成长为一棵参天的大树了,但我们还期望更美好的未来。我希望,明天它会成为一片郁郁葱葱的森林。"

开头的话

我从考古学上探索中国文化和文明的起源是由彩陶和瓦鬲开始的，1941年我写的《瓦鬲的研究》作为北平研究院第一本专刊，最初曾交由香港商务印书馆付印。50多年过去了，1983年包括《瓦鬲的研究》和《关于仰韶文化的若干问题》在内的《苏秉琦考古学论述选集》由文物出版社出版，1994年获首届国家图书奖，与此同时，辽宁大学出版社又将我从1984年以来10年间的文章和讲话，以《华人·龙的传人·中国人——考古寻根记》为书名出版。消息刚传出，香港商务印书馆立刻提出要在海外予以宣传，近60年的交往因此又接续上了。商务印书馆向以出版高质量的学术著作而闻名，从五四运动以来，出版过"大学丛书""万有文库"等，这在当时各大学习惯于每年重复自印讲义、不向社会公开、缺乏正常评论交流的沉闷风气下，确是一个创举。馆方希望我这本书能反映考古学的一个新时代，又要雅俗共赏。要求虽然很高，却符合我们学科的发展方向，也是我们所追求的目标，于是就有了1996年初一个月的深圳之行，让我对考古学科在探索中华文化、中华文明和中华传统起源过程中所走过的并不平凡的历程进行一番回顾。

目 录

开头的话……………………………………………1

一、两个怪圈………………………………………1
二、学读"天书"……………………………………7
三、解悟与顿悟……………………………………17
四、"条块"说………………………………………29
五、满天星斗………………………………………89
六、三部曲与三模式………………………………115
七、双接轨…………………………………………153

附录一：中国考古学文化区系年表………………165
附录二：苏秉琦论著目录…………………………169
本世纪中国考古学的一个里程碑……………俞伟超 175
捕捉火花……………………………………郭大顺 191

学术的勇气和自信…………………………郭大顺 197

一、两个怪圈

几十年来,在我们的历史教育中,有两个怪圈:一个是根深蒂固的中华大一统观念,一个是把马克思提出的社会发展规律看成历史本身。

在中华大一统观方面,我们习惯于把汉族史看成是正史,其他的就列于正史之外。于是,本来不同文化之间的关系,如夏、商、周、秦、汉便被串在一起,像串糖葫芦一样,一根棍串下来,成为一脉相承的改朝换代,少数民族及与境外接壤的周边地区的历史则被几笔带过,这也使中国史与世界史的关系若明若暗。

其实,讲到中国历史,从孔夫子起就不是把中国史看成铁板一块。子曰"郁郁乎文哉,吾从周",就是把夏、商、周看成三家来进行比较得出的结果,而不是看作一连串的三代。汤武革命不是继承,三家各有千秋,可以互补,但还是周人的学问全面。"周礼"是国家大法,是周人建国治国的系统理论,以一个"文"字代表典章的制度化,是国家已成熟的表现,殷人还未达到这水平,所以孔子要以周为主。古人云,"入夷则夷,入夏则夏",是看到中原的夏和四周的夷,各有各的根,周边民族到中原来,就被中原民族同化,同样,中原民族到周围地区,就被当地民族同化。这种同化过程往往是很快的,不过一两代人,而且进来是华,出去就是夷,进来出去又多有反复，所以，华夷之间的差别也并不是绝对的。孔夫子"有教无类"的名言，也是认识到他的弟子们来自四面八方，民族文化传统的背景来源不一样，甚至差别很大，而且有不同种族之间的差别。"有教无类"的"类"，一般都解释为身份、背景，较少联系到种族问题，但殷墟的情况给了我们启发。李济分析了殷墟大批人头骨后，指出活动在商代中心地区人们的种族差别很大，他在《再论中国的若干人类学问题》一文中说："从著名安阳遗址出土的人骨资料来看，就远不是纯一人种的。从研究这一人骨的头形指数计算出的标准偏差数，远远超出正常范围，这肯定地说明这一组颅骨有着极不同的来源。"虽然时代越近，人种差别越小，但孔子时代，中原地区的人种差别仍然很大，所以，"有教无类"主要不是指社会贫富等级差别，而是种族特征差别，孔子的教育思想是要平等待人，反对种族歧视，这当然是很进步的思想。由于面对的是多文化且复杂的民族传统社会，所以他讲课的内容也是包罗万象，兼容并举。《周礼》所讲的"六艺"——礼、乐、射、御、书、数，就是包含了多文化的。至于"罢黜百家，独尊儒术"，那是汉武帝以后的事；把孔孟的书以朱熹的注解为标准，将朱熹一家定为一尊，那更是宋代以后才形成的。

司马迁写《史记》也是兼容并举的，他不仅对百家学说，分门别类介绍，不歧视哪一派，比较客观，而且修史内容超越国界，把西域的乌孙、康居、大月氏、安息都列为传，当国史来写，实际上写的是世界史。

至于另一个怪圈——社会发展史观方面，我们习惯于把马克思提出的社会发展规律看成历史本身。历史本身是多种多样、丰富多彩的。把社会发展史当成唯一的、全部的历史，就把活生生的中国历史简单化了。几本有影响力的中国通史就有这种倾向；1958年前后筹建中国历史博物馆时编写的通史陈列说明、北京大学师生合作编写的考古学教材，都是在这种思想指导下的产物。结果大量丰富的考古资料也只能"对号入座"，把一般的社会发展规律当成教条，再添加些考古资料便交差了事。连调查少数民族史也受到影响，一个现成的例子是，海南岛的五指山，被说成是黎族由母系氏族社会向父系氏族社会过渡的标志。其实，五指是五支，代表黎族内部的五个各有特点的社会群体，五支之间不是社会发展阶段不一样，而是每一支都有自己的传统、自己的标志，是社会内部群体分化，并不代表社会的不同发展阶段，把它简单说成是所有制问题，只进行阶级分析，那就把黎族的民族及其内部的特色给抹掉了。

其实，把社会发展史视为全部历史，在马克思主义经典作家那里，并没有找到什么理论根据。马克思、恩格斯研究和概括社会发展规律的伟大工程时，是从研究具体史实开始的。恩格斯也并不认为人类社会从野蛮进入文明和国家产生的道路全世界只有一条，他在写《家庭、私有制与国家的起源》一书时，就是在研究了他所处的那个时代所能得到的史料之后，提出国家的产生至少有雅典、罗马和德意志三种不同的国家形态，它们各有特点，通过不同的途径，完成了人类社会发展规律所制约的由野蛮向文明的过渡和国家的产生。

我们回头来说近代考古学与历史学的关系。近代考古学的目标就是修国史，从20世纪初近代田野考古方法传到中国，1928年后中国最早的两家考古研究机构中央研究院和北平研究院成立起，这个修国史的目标就很明确。如何修？傅斯年讲过一句话，"上穷碧落下黄泉，动手动脚找东西"，意思是修国史要摆脱文献史料的束缚，不拘泥于文献，不是为了证史补史，而是要找到地下实物史料，作为修国史的重要依据。考古学要从史学中独立出来，自立门户，这两句话很像是考古学的"独立宣言"。于是，设在南京的中央研究院历史语言研究所考古组刚成立，就直奔安阳，因为那里发现过甲骨文，目的是研究商史；设在北平的北平研究院史学研究所考古组，先在北平搜集有关老北京建筑的碑拓，又去了燕下都，后到陕西，却不在西安附近挖周秦汉唐，而是打道宝鸡，因为那里出过一批青铜器，目的是研究先周先秦史，追溯周、秦的老根儿。

要以考古学修国史，探索中国文化和文明的起源，说来简单，做起来难，首先碰到那两个怪圈就很容易钻进去钻不出来。如何绕过这两个怪圈，道路是十分曲折和艰难的。王国维比较高明，他没有被大一统承接的观念套住，所以他讲殷周制度论时，不仅讲商朝和周朝史，而且讲两种文化的历史，所以能认识到商周不同源。傅斯年虽也提出过"夷夏东西说"，但已经有了正统（夏）和非正统（夷）的观念。徐炳昶有"三集团说"，不过还不是从分析考古资料入手。面对这种状况，考古学要想独立研究历史，探索出中华文化和文明的起源，就要建立本学科的方法论。如果我们从一开始就意识到这一点，我们学科的起点就高。建立考古学的方法这一问题，还得在下一章从中国文化的特别载体——瓦鬲和仰韶文化这两个当时的热门话题谈起。

二、学读"天书"

"学读'天书'"是 1987 年我写《给年青人的话》一文中的一个小标题,说的是三四十年代我硬着头皮啃"天书",寻找解释"天书"密码的那段经历。

1934 年,我在北平师范大学历史系毕业后,进入北平研究院史学研究所,副院长李书华把我分配到考古组。9 月,我随所长徐炳昶(旭生)老师去陕西宝鸡发掘斗鸡台遗址,第二年收工后,沿渭河调查回到西安,考古调查发掘使我有机会接触到陕西关中西部古文化材料。此后一年多时间在西安和北平着手整理我参加发掘的百来个小墓材料,准备写发掘报告。1937 年抗日战争爆发,斗鸡台发掘停止,发掘材料于 1939 年初辗转运抵昆明黑龙潭,继续整理。要消化这批材料,对于像我这样一位初学者,无疑是有困难的。没有基础,周围没有人可以请教讨论,一切从零开始,只有蹲下来,边摸瓦片边思考。我意识到,从这批墓葬中的三种类型——直肢仰身竖穴、屈肢竖穴和洞室,以及随葬品中的三种器物——鬲、鬴、灶这两个方面进行比较分析,或许能够取得突破。为此,首先要解决两个问题:第一,数以百计的单位和数以千计的器物,它们都应该有它们本来历史的、逻辑的顺序,因此,必须使它们"各就各位";第二,这批材料作为一批有组织的人们的群体活动遗迹,在中国古代社会、文化史中应该有它们特定的地位和作用。因此，我必须从这部"天书"中寻找出它们原来传递信息的"密码"，才有可能认识它们的真实含义。

面对这批"哑"材料，如痴如呆地摸呀摸，不知花费了多少个日日夜夜。这使我养成了一个习惯，看到陶片、陶器，每每摸来摸去，虽然也不一定有所收获。朋友中流传，说我好闭着眼睛摸陶片。我还听说，有的同学真的闭着眼睛摸陶片，据说是从我这儿学来的。这话三分是夸张，七分是误解，随便谈谈，博大家一笑罢了。对于陶器，如果以为仅凭视觉观察到的印象可以代替手感的体验，那就错了。科学是以逻辑思维反映客观世界，艺术是以形象思维反映客观世界。根据我的实践体验，形象思维对于考古学研究的重要性绝不下于逻辑思维，而手感对于形象思维的作用，绝不是凭视觉得到的印象所能代替的。

经过一段时间的实践摸索，我终于好像从手下上百件瓦鬲标本中找到解释"天书"的密码，识破这种中国文化特殊载体的基本运动规律了。

第一，按照发生学原则，找到可以排出序列的四种基本类型。这些类型按拼音字母 A、B、C、D 代表，分别称为：A 型袋足鬲，B 型联裆鬲，C 型折足鬲，D 型矮足鬲。（图1）

第二，描绘出它们各自的谱系图，并按照它们的发展史，分为三大期——（一）原始鬲（斝）A，约当仰韶期后与龙山期前，尚无可靠代表标本；（二）斝鬲 A、B、C，约当龙山期至殷周之际；（三）鬲 D，约当殷周之际至战国。（图2）

第三，推测出它们从发生到衰亡的全过程。鬲的起源大致在彩陶之后黑陶之前的四五千年间，消失在公元前 5—前 4 世纪。整个过

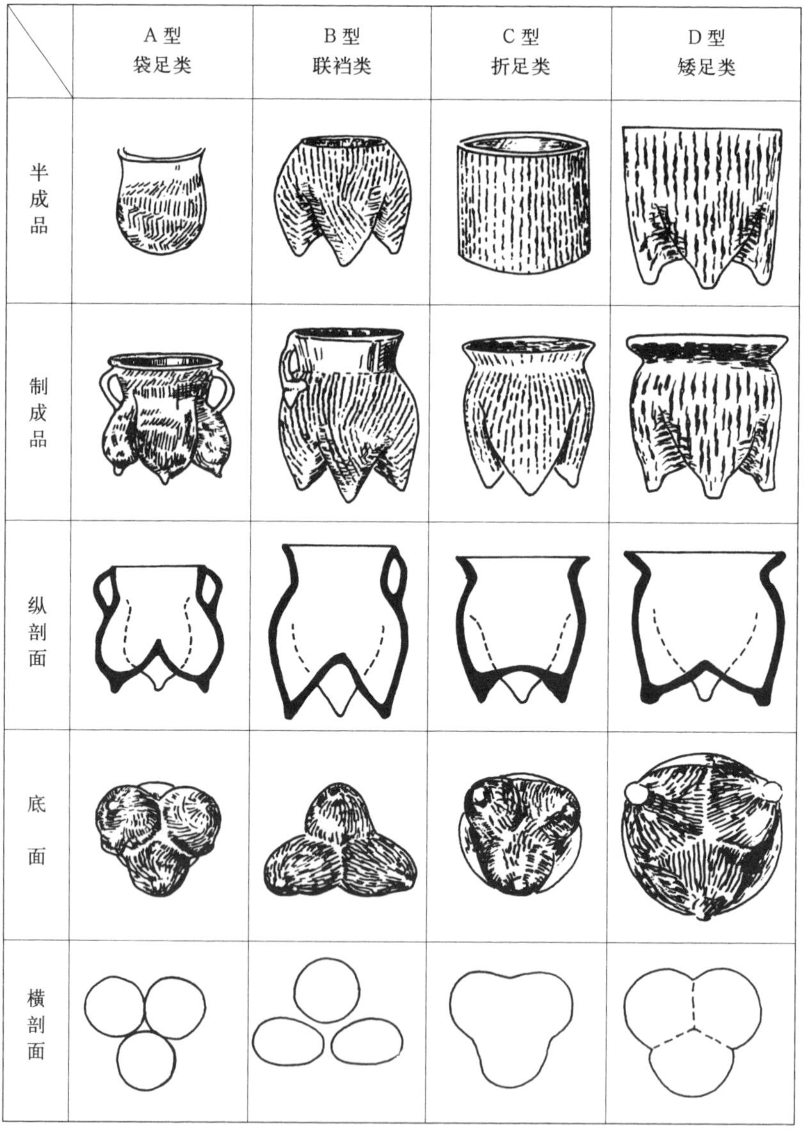

	A型 袋足类	B型 联裆类	C型 折足类	D型 矮足类
半成品				
制成品				
纵剖面				
底面				
横剖面				

● 图1 瓦鬲的分类

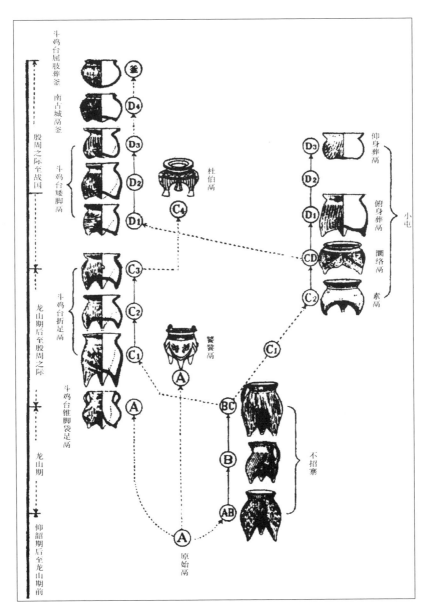

● 图 2 鬲的谱系

程大约相当于中华五千年文明史的前半段。

第四，产生了不同地区各有各的发展脉络，商周不同源的想法。

当时的史学界称中国古文化为"鼎鬲文化"，日本滨田耕作写过《鼎与鬲》，认为鼎的起源早于鬲。但鼎鬲源流不一样，鼎是由圜底器加三足，鬲是由三袋足结合而成的，鼎鬲都是有中国特色的器物，但差异很大。尤其是鬲，世界各地都没有见过类似器物，而在中国古文化中，它的存在又特别普遍而长久，是中华古文化的一种代表化石，对于追溯中华古文化和古文明的起源与流变具有特别意义。斗鸡台瓦鬲的四种类型的划分及其演变告诉我们，商王朝时期，周人已在西部兴起，宝鸡地区的瓦鬲已显示出先周文化有两个来源，一是自西北方向来的姬姓成分（CD 型），一是关中土著的姜姓成分（BC 过渡型）。周王朝时期，秦人已在陇西兴起，东进至宝鸡时带来了素面袋足鬲（A2 型）、屈肢葬和铁器等文化因素，因此，从考古上证明，商、周、秦各有来源，在宝鸡地区存在过商文化与先周文化的立体交叉，也存在过周文化与先秦文化的交叉。1983 年当《瓦鬲的研究》收入我的第一本文集时，我在"补序"中又谈到，经过四十多年新的工作与材料积累后，对这个课题的一些新认识。

第一，当时推测"原始鬲"的袋足应接近第一类型袋足的"缶"形器，现在看来，有的地方确有从仰韶文化小口尖底瓶的后裔底部构成新型的袋足斝类器，而后再由它转化为鬲形器的例子。更多的材料则说明鬲的原始型就是斝形袋足器。但同样是从斝形器开始，经过袋足逐渐相互靠拢，再进一步发展为真正的鬲。而其发展过程却分为两路：一路成为有如第一类型呈锐角裆（或"隔"）的袋足鬲，一路成为有如第二类型呈高圆丘形裆部（或隔）的，曾称为"联裆"的鬲。前一路呈锐角裆的袋足鬲又经逐渐降低裆部，最后形成钝角裆的，曾称为"矮足"的第四类型鬲；后一路呈高圆丘形裆部的第二类型，即"联裆"鬲，也是经过逐渐降低裆高，直到最后转化为"折足"的第三类型鬲。前者似是曾活动于西辽河与海河水系地带的人们（包括商人）所走过的道路，而后者则似是以陕西关中地区为中心的居民（包括周人）曾走过的道路。我们或可更进一步推测：属于前者的最后阶段称之为第四类型与属于后者的最后阶段定型的第三类型的，两者的起点或转折点的年代估计大致相似，约当中国编年史的夏商之际。

第二，在北方，活动于燕山南北，后来成为燕国范围内鬲类的前期阶段，同商人的远祖似经历过相似道路，到夏商之际才分道扬镳。它的最后阶段，即在北京附近所见的晚到战国时期的"燕式鬲"。在南方，活动于江汉平原的人们（包括荆楚）走的则是不同于中原的道路，其鬲的形式始终没有脱离鬲的原型（斝）的基本结构，仅在外部形态上发生过类似中原的阶段性变化。在东方，主要活动于山东一带的黄河下游地区的人们，虽然使用多种袋足类器（鬶、盉、甗等），但真正使用的鬲类器，似非源于当地的老传统。

第三，鬲消失的公元前5—前4世纪，正是孔孟时代。我在《瓦鬲的研究》一文中说到鬲的消亡时，曾引用了古文献中两段与此有关的故事：

> 鲁有俭者，瓦鬲煮食，食之而美，盛之土铏之器，以进孔子。孔子受之，欢然而悦，如受太牢之馈。弟子曰："瓦甀陋器也，煮食薄膳也，而先生何喜如此乎？"孔子曰："吾闻好谏者思其君，食美者念其亲。吾非以馈为厚也，以其食美而思我亲也。"（《说苑·反质》）

陈相见孟子,道许行之言曰:……(孟子)曰:"许子以釜甑爨,以铁耕乎?"……(《孟子·滕文公上》)

前一故事,似说明孔子时代,至少在山东,瓦鬲还流行。后一故事则说明,孟子时代业已用釜。对这两段话和孔孟时代的区别还可以进一步引申。孔子欣然接受普通老百姓用瓦鬲装的"薄膳",弟子以为有失身份,孔子却以此为荣,因为用的是鬲,不失礼,"如受太牢之馈"。孔子是很重视"钟鸣鼎食"的,他在齐国听到韶乐,"三月不知肉味"。但当时已是社会大变动时期,工商业发展起来了,从西周末到春秋初起,社会分工有了新的转折,侯马发现的铜带钩、铜镜、连续小单元图案的大铜器等,都是作为商品而大量生产的,生产的专业化、有重量单位(斤)的货币的出现与鬲向釜的演变是大致同步的。刀币、布币、圜钱三种铸币重量接近,都在 12 克左右,不同货币的流通,无大障碍。当时,"珠玉犬马"是大买卖,在晋南、齐鲁、邯郸以及周王室所在的洛阳都出现了商人,新的阶级起来了,他们过问政治,受人尊敬,地位很高。这种变革在孔子时代已出现,到孟子时代已很普遍,所以孔子周游列国宣传"礼义之邦"不成功,不得已只好回到鲁国讲学。孟子也周游列国,但讲的是帝王之道如何国富民强,到处受欢迎,孟子时代已产生了商鞅一类人物,提倡治理国家靠法制不能靠仁政。我们从考古方面看到的是,由鬲演变为釜在宝鸡地区有完整序列。总之,在孔孟之间的百多年间,对礼的看法发生了很大的变化,是"礼崩乐坏"的时代,这应该就是鬲消失的深刻社会历史背景。

运用考古学方法论,认识到鼎鬲不同源、商周不同源,这是我们绕过中华大一统观念,考古寻根的一次重要尝试。在 20 年代到 40 年代中国考古学刚刚成为独立学科的创始阶段,从方法论角度看,当时的考古学有以正经补史为目的的中国传统金石学,有近代西方考古学因素,但在实践中摸索符合中国特色的考古学方法论已经开始了。

三、解悟与顿悟

用"悟性"这种很像是佛教语言来形容我们五六十年代走过的路，既是表达继续探索的艰辛，更是指从实践中得来的认识的积累和飞跃。这最集中地反映在当时对仰韶文化的认识上。

那是50年代后期，学术思想相对活跃，在北大以学生为主提出了诸如：要不要陶器排队，要不要进行分型分式和类型学比较；如何向苏联学习；如何见物又见人等问题，为此大家都做了很多努力。但无论是北大考古专业师生合作编写的考古教材，还是中国历史博物馆的新陈列，脑子里装的仍是马克思的社会发展史，手里拿着考古器物，以为两者相加就行了。其实，这种穿靴戴帽的做法，把中国历史简单化，具体研究仍然是干巴巴的空壳，所以直到50年代末，"修国史"以及同时提出的为恩格斯的《家庭、私有制与国家的起源》"写续篇"[1]和1958年提出的为马克思主义考古学"建体系"[2]的目标，哪一个也没有取得重大突破，还在原地踏步。由于路子摸得不对，走不通，于是产生了困惑。我也和大家一起困惑过，但经过反复的思考发现，马克思主义哲学并不能直接回答研究中国

---

[1] 指1929年出版的郭沫若《中国古代社会研究》一书自序中提出要为《家庭、私有制与国家的起源》一书写中国的续篇。

[2] 指尹达在北京大学历史系给考古专业师生做报告时，提出的建立马克思主义考古学体系。

考古学的方法论问题，历史唯物论和历史科学的各专门学科理论也不属于同一层次，具体问题还得具体分析。

近代考古学不同于旧金石学的一点是，研究对象首先是田野考古发现的一个个具体单位如地层、墓葬、窖穴、房址等，而不是每一个单位里出土的一件件文物。于是我们选择了当时材料比较丰富的仰韶文化为课题，从整理陕西华县泉护村发掘的材料入手。这个遗址发掘面积为7000—8000平方米，我们先以一个探方内各个地层出土的器物的层位关系作基础进行类型学的比较分析，反复排比，最后选出四类八种陶器进行综合的层位学、类型学的排列分析，得出它们的整体排列共生关系。研究一个遗址如此，研究一个考古学文化也应同样照此办理。《辞海》的"考古学文化"条中说，考古学文化是"用以表示考古遗迹中（特别是原始社会遗迹中）属于同一时期的有地方性特征的共同体，同一文化的遗存，有着同样形式的工具、用具和相同的制作技术等"。也就是说，考古学文化是属于人们共同体（社会）的遗存。如果我们把考古学文化停留在静态的定性描述，又如何见到那个社会的运动发展呢？看来问题就出在这里，解决问题的方法还得从考古学方法论中去找。每一种考古学文化都是在不断变化和发展中形成的，所以要把考古学文化看成一种运动的物质，从一种运动的物质（即考古学文化）定量分析入手，找到它的运动规律。这种整理研究方法，就是在唯物辩证法指导下形成的考古学的具体研究方法。而通过整理研究陕西华县泉护村的材料，得出有关仰韶文化整体面貌的认识，就是运用这种考古学的具体方法的结果。通过对仰韶文化的研究，也使探索中华文化和中华文明起源向前迈进了一步。

实际上，仰韶文化从它的发现开始就是同探索中华文化和中华文明的起源联系在一起的。1921年瑞典地质学家安特生发现仰韶村遗址之后，以仰韶文化及类似遗存为线索，他北到辽宁大小凌河，西到青海湖，西南到长江上游川康的甘孜，几乎跑遍了仰韶文化影响所及的边沿地区。从他第一次发表关于仰韶村遗址考古论文到他写出以仰韶文化为中心内容的论著，他的全部学术活动归纳到一点，就是试图以仰韶文化为中心，探索中华文化起源问题。他从仰韶村遗址的发现认识到：鼎和鬲是中国古文化的特色，彩陶则与中亚有关，虽然他没能找到仰韶文化的真正根源，也没能对仰韶文化的范围加以界定，但从一个西方人眼光中，他已敏锐地意识到仰韶文化是中国文化的重要源头，并认识到对中国古代文明的来源及其在世界文明史上的地位，不可等闲视之。

五六十年代是仰韶文化资料得到大量积累的时期，同时也是我们继40年代通过对瓦鬲的研究之后，再通过对仰韶文化的研究，进一步追溯中国文化和文明起源，在认识上取得突破的一个时期。所谓突破，主要指：一是对仰韶文化的认识提高到分子水平上，如同现代生物学由达尔文的优胜劣汰发展到分子生物学；一是对类型的重新界定。当时关于仰韶文化的研究课题集中于半坡类型和庙底沟类型的年代早晚问题。实际上，半坡和庙底沟这两种类型不是仰韶文化先后发展起来的两个阶段，而是各自发展又相互紧密依存的两种主要变体[1]。这是我们进一步认识仰韶文化的基本特征和它的社会发展阶段、区系分布及源流的前提。

仰韶文化的各种因素纷繁庞杂，它的基本特征是我们据以论证它堪称中国文化起源重要源头之一的主要因素。它的主要文化特征

---

[1] 详见《关于仰韶文化的若干问题》，《考古学报》1965年第1期。

具有下列条件:第一,特征鲜明;第二,变化幅度大,节奏快;第三,从无到有,从有到无,序列完整。这些主要文化特征是依据泉护村遗址排出的四类八种陶器中,又筛选出三组六种,它们是:两种小口尖底瓶、两种花卉和两种动物彩陶图案(图3、图4)。

两种小口尖底瓶(或称酉瓶)｜一种器口像壶罐碗盘(器上加器),我们暂称它"壶罐口尖底瓶",主要出在半坡类型遗存。一种器口呈

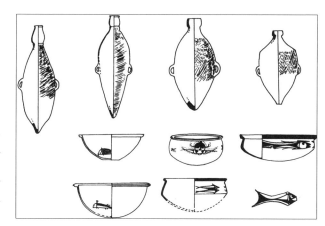

● 图3 半坡类型典型器物型式组合序列

上:尖底瓶(酉瓶),中、下:鱼纹彩陶盆

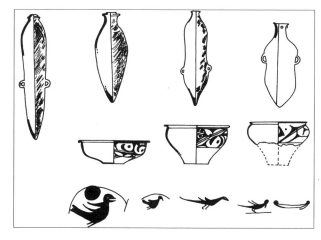

● 图4 庙底沟类型典型器物型式组合序列

上:尖底瓶(酉瓶),中:彩陶盆,下:鸟纹

双唇（口上加口），我们暂称之"双唇口尖底瓶"，主要出在庙底沟类型遗存。这也是我们区分半坡、庙底沟两种仰韶文化类型的典型器类。北首岭遗址从下到上文化堆积层包含的这种陶器清楚地说明，二者从发生学角度，类似孪生兄弟，是平行成长起来的（图5）。从原型（唇部特征还未显露出来）到成熟（特征部分充分发育），跨越年代约当距今六七千年间。

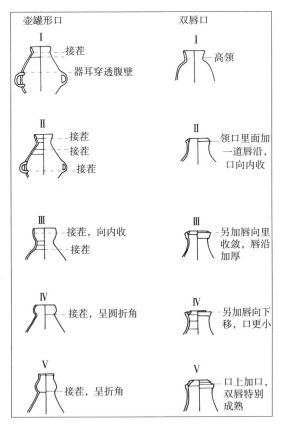

● 图5 北首岭遗址文化层出土壶罐形口、双唇口瓶发展序列示意图

两种花卉图案彩陶盆 | 第一种是覆瓦状花冠，属蔷薇科的玫瑰（或月季）；第二种是合瓣花冠（整体结构又称盘状花序），属菊科（花）。它们的完整的系列标本出自泉护村遗址。二者原产地都是中国。覆瓦状花冠特征鲜明，不需要几笔就可勾勒出来（图6、图7）。合瓣花冠的菊科，特征同样鲜明："合瓣"犹如人的五指微屈，合拢一起，状如勺形。这种"合瓣花冠"的表现技法不同于前者的"花冠"，不仅要表现它的"钩屈"，更要突出它的"合瓣"。常用两笔，外边一笔表现"勺形"的底面，里边一笔表现"勺形"的外缘。为了使两者清楚分别开来，我们不用"圆点钩叶弧三角"这类约定俗成的术语，因为如统称"钩叶"，既没有表现出玫瑰花的特点，更不足以表示出菊花的特征，对于这个名称，我们是经过长时间的斟酌，并请教美术工作者和植物学家之后才决定的。

两种动物图案彩陶盆（鱼、鸟） | 近似写实的鱼鸟合绘在一件陶壶（瓶）上，年代比较确切地出现在北首岭中层，它们同图案化的，

● 图6 庙底沟遗址玫瑰花卉图案彩陶盆

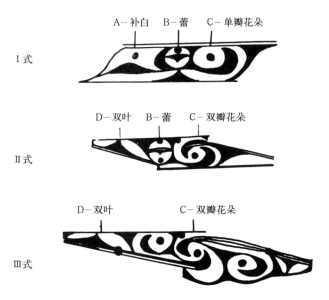

● 图7 仰韶文化庙底沟类型玫瑰花图案彩陶

两者单独画在盆上的，意义有所不同。

从近似写真到初步图案化鱼形彩陶盆，见于北首岭上层，和成熟形两种小口尖底瓶共生，年代比较确切，当距今6000年上下。

半坡遗址包含鱼形彩陶盆完整序列（从近似写实到完全分解），跨越时间（包括壶罐口尖底瓶从成熟型到退化型全过程）当距今6000年上下到距今五六千年间。

鸟纹图案彩陶盆，从写真到完全解体全过程标本，出在泉护村，同双唇口尖底瓶从成熟型到退化型全过程相当，年代当距今6000年上下到距今五六千年间。

这三类六种的文化特征因素，只在西起宝鸡，东到潼关、陕县一带的八百里秦川范围内的仰韶文化遗址里发展得最充分，显现出从无到有的全过程，说明这八百里秦川才是仰韶文化发生、发展的核心地区。这三类六种因素中，除前述两种酉瓶的原始形态首见于宝鸡北首岭下层，二者平行共生，后来一分为二，彼此各有自己的发展轨迹以外，两种彩陶花卉的盛行期，也是鱼和鸟分别从具象到抽象的演化过程。两者平行发展，鱼变不成鸟，鱼也不会变成花卉。菊科和玫瑰两种花纹在泉护村遗址里是平行发展的，在庙底沟遗址中就只看到玫瑰花的较完整序列，而菊科花纹就很少发现。如果我们沿用约定俗成的名称，可以把以葫芦口酉瓶和鱼纹彩陶所代表的冠之以"半坡类型"，把双唇口酉瓶和鸟纹彩陶所代表的冠之以"庙底沟类型"，但这"类型"是被重新界定的概念。两类型是同源且平行发展的。有些遗址发现了半坡类型在下、庙底沟类型在上的地层，这并不悖于我们的结论，因为庙底沟类型的较晚遗存可以在半坡类型较早遗存之上。此外，仰韶文化的三类六种陶器的部分标本，在八百里秦川之外的相当大的地区内都能看到，但都不成系列，有的有头无尾，有的有尾无头，或只具有某种形式的中间发展环节。这只能视为植根于关中的仰韶文化的影响所及。过去所谓仰韶文化覆盖范围北至大漠，南渐荆楚，西起甘青，东到鲁西，把如此大范围内有彩陶的遗存皆界定为同一仰韶文化，显然不符合历史真实。

经过这样的界定之后，我们现在看到的仰韶文化，大致可分为三个区系（支）：

中支 | 主要分布在沿陇海铁路以宝鸡－华县－陕县为中心。宝鸡到陕县是仰韶文化的中心地区，仰韶文化的主要特征文化因素，在中心地区经过了从发生到发展的全过程。介于陕县－洛阳间是崤山，仰韶村正居中部，近年再次发掘材料证明，它的文化堆积与中、东两支对照比较，确具中间性质，把它当作"模糊界线"可以，把

它和黄河对岸的山西垣曲古城新石器较早阶段遗存合在一起,单独作为亚区系也无不可。

东支 | 可以大河村-王湾为代表,它们已缺乏中心区系特征因素中的大部分和其间的紧密联系,它们可以直接同中心区系对照比较的一种特征因素是玫瑰花图案彩陶盆,但并不完全相同,只有花冠(朵)部分,缺乏枝叶蕾等部分,发展序列也自成一系:开始用两笔勾画出覆瓦状花冠,中加圆点表示花蕊;两侧加弧形栏杆图形逐步简化,最后花冠部分变成"⌒"形,两侧栏杆变为"χ"形,说它们像罗马字母的"S""X"倒也确切,但是,却把它的原始构思丢掉了(图8)。

西支 | 可以甘肃秦安大地湾遗址为代表,发掘者把遗址分为四期,曾暂用"大地湾一期、半坡、庙底沟、石岭下"名称表示年代顺序和各期特征。同中心区系对比,缺乏器物群组合逻辑的序列。它们各期名称以及它们前后之间衔接环节尚待进一步分析。借用四个遗址摞起来,虽不乏先例,但不能说明问题,因为这一支也不是

● 图8 仰韶文化东支简化式玫瑰花图案彩陶罐

没有自己传统的，或暂与中心地带通称西支。

由此看来，仰韶文化主要分布范围不出上述狭长地带。三大区系（支）间以陇山、崤山为其模糊分界线。三者渊源、特征与发展道路不同，但它们可以中心区系为纽带，连接起来成为一体。

在确定了仰韶文化的"空间"即"区"的同时，还对它的纵向发展"系"（包括渊源和去向）做了考察。关中的仰韶文化跨越了距今7000—5000年的两千年，以距今6000年为界，又可划为前后两期。仰韶文化有其根源，我们可称之为"前仰韶"，即有人称为老官台文化者，时代在距今7000年前，我最初是从北首岭下层认识它的。仰韶文化之后有个"后仰韶"，即有的被称作庙底沟二期或某某龙山文化者，我用"后仰韶"代表该地区一个时代的遗存，时代在距今4500年左右的一千年间。这样，八百里秦川的无文字可考的农业文化历史就可分为四大期，即距今8000多年至7000年的前仰韶，距今7000—6000年的仰韶前期，距今6000—5000年间的仰韶后期和距今5000年后的后仰韶。我们之所以特别看重距今6000年这个界标，因为它是该区从氏族到国家发展的转折点，从这时起，社会生产技术有许多突破，出现了切割石材成坯的新工艺，这是适应大批制作石器而出现石器生产工序专业化的反映。社会出现了真正的分工，随之就有分化，人也就有了文野、贵贱之分。西瓶和绘有固定的动植物纹样的彩陶，并不都是日常使用的汲水罐、盛饭盆之类，有的是适应专职神职人员出现而出现的宗教上的特需、特供。这两类陶器在遗址出土看来很多，但能选出典型完整的标本就很少，这说明了它们并不是大量使用的日常生活用具。当然，这并不是说距今6000年前，这里已出现了国家，而是说氏族社会发展到鼎盛，由此转而走向下坡路，进入解体时期，文明因素出现，开始了文明、国家起源的新历程。

总之，从 60 年代前期把对仰韶文化的认识提高到分子水平及对类型的重新界定，使我们顿悟：不论是"修国史"还是要"写续篇""建体系"，都必须走这条路，必须首先从对文化遗存做分子分析和对考古学文化做比较研究入手，确定哪些遗存属于同一文化社会实体，各个文化群体各自经历了一种怎样的发展过程，它的原始公社氏族制度受何种动力的驱使发展到繁荣而又走向衰落，如何从氏族变为国家的，也就是在一个具体的考古学文化系统中文明因素如何出现，国家又是如何一步一步形成的。只有这样，所写的历史才能符合史实，才能有血有肉，才能体现它的独具特征和它独具的发展途径，我们不能笼而统之，大而化之，把一般社会发展规律当成教条，添加些考古材料交差了事。我们对仰韶文化的重新分析研究，所得到的也只是秦川八百里地域上由原始氏族公社到国家这一大转折前后的历史，它不能代替中国大地上各地的文明起源史，但它却是中国国家起源和中华民族起源史这座大厦中的一根擎梁柱。由此启发我们，在广袤的中华大地上，不知有多少这样的文化区系确确实实地存在过。

四、"条块"说

20世纪70—80年代是中国考古学发展走向成熟的转折期,我们经过60年代的摸索和解悟,终于找到一条有中国特色的考古学发展道路,一个带根本性的学科理论,这就是中国考古学文化区系类型学说。"区"是块块,"系"是条条,"类型"是分支,科普界在介绍这一学说时,俗称为"板块"说,不过称"条块"说更贴切些。这是借用了生态学的名称和理论,即地球是一个整体,是千差万别的,而又是互为条件的。

历史上生活在中华大地上的56个民族的先人们,他们活动地域的自然条件不同,获取生活资料的方法不同,他们的生活方式也就各有特色。当时,人们以血缘为纽带,强固地维系在氏族、部落之中,这样,不同的人们共同体所遗留的物质文化遗存有其独特的特征也是必然的。就新石器时代考古文化来说,到20世纪70年代,全国各地已发现的遗址数以万计,早已不局限于三四十年代黄河流域的少数几个地点,不少遗址已经过试掘和发掘,其文化面貌诸多差异,已被命名的考古学文化有数十种之多,其中有些文化内涵、分期、年代等都了解得比较清楚,这就为提出区系类型理论创造了极为有利的条件。

从全国范围来看,我们可以将现今人口分布密集地区的考古学文化分为六大区系(图9),它们分别是:

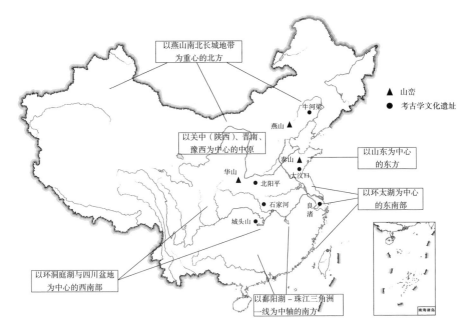

● 图9 六大考古学文化区系示意图

以燕山南北长城地带为重心的北方；

以山东为中心的东方；

以关中（陕西）、晋南、豫西为中心的中原；

以环太湖为中心的东南部；

以环洞庭湖与四川盆地为中心的西南部；

以鄱阳湖-珠江三角洲一线为中轴的南方。

六大考古学文化区系的划分最早见诸文献，是在1981年[1]。这

---

[1] 1981年第5期《文物》发表《关于考古学文化的区系类型问题》，同年第4期《史学史研究》发表《建国以来中国考古学的发展》，二文都收入《苏秉琦考古学论述选集》（文物出版社，1984年）。

一理论是经过一段很长时间才酝酿形成的,现在不妨再做一点回顾。

记得 50 年代前期,我们在西安附近调查时,把所见遗存分别称为文化一、文化二和文化三(图 10—12),当时有人不理解,说这不就是梁思永的后岗三叠层吗?不就是仰韶、龙山和小屯吗?为此我同梁先生进行过切磋,我说这"文化一"是关中的仰韶文化,与后岗下层的仰韶文化不是一回事;这"文化二"(相当于龙山文化,后称陕西龙山文化,或客省庄二期文化)与后岗中层的龙山文化也不是一回事,缺乏漆黑光亮、快轮制的典型黑陶;这"文化三"相当于商代,但与小屯不是一回事,不是殷的而是关中的,包括了先周文化,梁先生同意这一观点。其实,三四十年代整理斗鸡台资料时所产生的不同地区各有自己文化发展脉络、商周不同源的想法,就应是这区系类型理论的萌发,而认真思考确是为解脱 50 年代的困惑才开始的。1965 年《关于仰韶文化的若干问题》发表之后的几年时间,包括"文化大革命"和去河南"五七"干校期间,这一解悟过程仍在继续。对仰韶文化的再研究,实际上起了个解剖麻雀的作用,可以说是这一学说形成过程中一个突破性标志。我们通过对仰韶文化的再分析,把对考古学文化的认识提高到分子水平,对"类型"做了重新界定,这是一项理论突破,也是方法论上的突破。我们用研究仰韶文化所取得的新观点、新方法去考察全国各地的史前文化遗存,如从 60 年代前期起,对从山东到浙江的东南沿海地区史前文化的考察分析,澄清了把大汶口文化和太湖流域马家浜文化、良渚文化也包括在内的大青莲岗文化的不明确概念;1970—1972 年,对淮河流域的古文化特征及其在联结中原与长江中、下游地区史前文化的地位,进行过"业余考古"和考察分析。回到"专业考古"岗位之后,1975 年前后给北京大学、吉林大学考古专业师生做报告时提

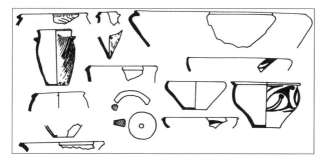

● 图 10 关中的仰韶文化（文化一）

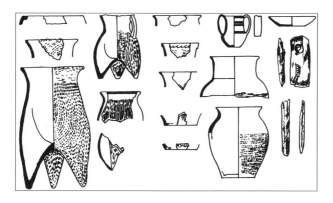

● 图 11 关中的龙山文化（文化二）

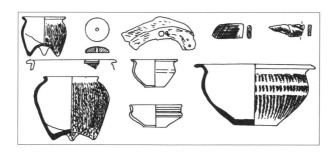

● 图 12 先周文化（文化三）

出中国考古学文化划分"块块""条条"问题，那可以说是第一次明确提出区系类型理论。1981年6月在北京史学会的讲话，除了更加系统地阐述区系类型学说，并首次提出了"建立马克思主义的具中国特色的现代化的中国考古学"，即考古学上的"中国学派"的设想。

六大区并不是简单的地理划分，主要着眼于其间各有自己的文化渊源、特征和发展道路。这又集中体现于每一大区系中范围不大的历史发展中心区域。它与各区系内其他分支，即"类型"之间，又有着发展的不平衡性，同时各大区系间还会存在一些文化交汇的连接带。各大区系不仅各有渊源、各具特点和各有自己的发展道路，而且区系间的关系也是相互影响的。中原地区是六大区系之一，中原影响各地，各地也影响中原，这同以往在中华大一统观念指导下形成的黄河流域是中华民族的摇篮，中国民族文化先从这里发展起来，然后向四周扩展，其他地区的文化比较落后，只是在中原地区影响下才得以发展的观点有所不同，从而对于在历史考古界根深蒂固的中原中心、汉族中心、王朝中心的传统观念提出了挑战。所以，区系类型学说一提出，立刻在学界内外引起强烈反响，并很快推向全国考古界。各地在工作实践中体会到，考古学文化区系类型理论一方面指导各地立足于本地区考古工作，着力于各地区文化类型的划分，渊源、特征、发展道路、文化关系的分析；另一方面更体会到，这是有效探索中华文化起源、中华文明起源和统一多民族国家形成发展的一把钥匙。一时，各地考古工作和学术活动空前活跃起来，几乎每个大区系内都很快选择了若干处典型遗址，积累了成批典型材料，研究成果又集中反映在这一时期在各地召开的各有特点的专题性学术研讨会上。区系类型学说无论从理论和实践方面都在不断深化。

以燕山南北长城地带为重心的北方（图 13）

燕山南北长城地带是区系类型理论运用于实践的重要试点。从 1982 年至 1986 年的短短五年时间，连续在北方几省召开一系列有关北方地区考古的学术研讨会[1]，其中在 1983 年朝阳会和 1984 年呼和浩特会上，都提出了"燕山南北长城地带考古"这个专门课题，明确了广义的北方三大块：西北、北方和东北。狭义的北方则东以辽河为界，辽东、辽西各成区系，内蒙古中南部的河套地区与河曲地带也各为区系，西部以陇山为界，陇西属北方区系，陇东属中原区系。又以辽西和内蒙古中南部为中心区系。

古文化的辽西区不同于现在行政区划的辽西，它的范围北起西拉木伦河，南至海河，东部边缘不及辽河，西部在张家口地区的桑干河上游、古"代王城"蔚县一带，已接近该区域的西部边缘。如果我们再把它归纳一下，即辽宁朝阳、内蒙古昭乌达盟（今赤峰市）、京津和河北张家口地区共四块。这一地区自古以来就是宜农宜牧地区，既是农牧分界区，又是农牧交错地带。这里文化发展的规律性突出表现在：同一时代有不同文化群体在这里交错。在 60 年代工作

---

[1] 从 1982 年到 1986 年，连续在河北张家口蔚县西合营三关考古工地、辽宁朝阳市和喀喇沁左翼蒙古族自治县、内蒙古呼和浩特市、甘肃兰州市和内蒙古包头市召开了一系列有关北方地区考古的学术研讨会。这种小型学术座谈会，以当地近期重点工作项目为题目，由来自考古第一线，掌握第一手材料的跨省同行以文会友，采取边参观考古工地，观察标本，边议论"会诊"的办法，大家在一个共同题目下交换意见，既推动当地工作，又启发大家，成为区系类型理论在实践过程中所产生的一种很有生命力的学术活动。见《蔚县三官考古工地座谈会讲话要点》（1982 年 8 月）、《燕山南北地区考古——在辽宁朝阳召开的燕山南北、长城地带考古座谈会上的讲话》（1983 年 7 月）、《燕山南北、长城地带考古工作的新进展——1984 年 8 月在内蒙古西部地区原始文化座谈会上的报告（提纲）》（1984 年）、《从兰州到包头——在包头市文管处座谈会上的发言（提要）》（1986 年 8 月 12 日）。以上诸文均见《华人·龙的传人·中国人——考古寻根记》，辽宁大学出版社，1994 年。

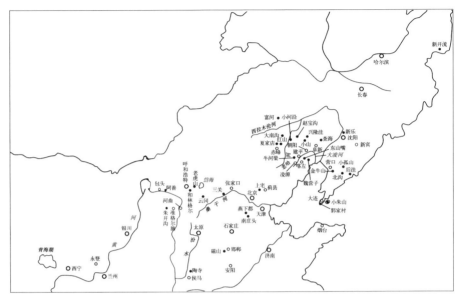

● 图 13 文化区系中的北方区系示意图

基础上提出的以燕山北侧的昭乌达盟和朝阳为中心的两种新石器文化（即红山文化和富河文化）（图 14）、两种青铜文化（即夏家店下层文化和夏家店上层文化）（图 15）曾交错存在。红山文化与富河文化的交错地带在老哈河和西拉木伦河一带，以后又发现了同时共存的赵宝沟文化。距今七八千年，属先红山文化的阜新查海遗址和敖汉兴隆洼遗址，相距不过 200 公里，也各有特点，说明这一地区不同文化群体的交错渊源甚古；夏家店下层文化和夏家店上层文化也在赤峰附近交错，其中夏家店下层文化城堡群的两种布局及其所具有的防御功能和关卡的设置（一种是大范围内的星罗棋布，一种是边缘地带的连成一串），更典型地反映了不同经济文化类型、不同民族文化传统人们的相互补充、相互依存和在特定历史条件下又相互冲突。在部分地区，这两对文化之间的关系是一先一后的。赤峰

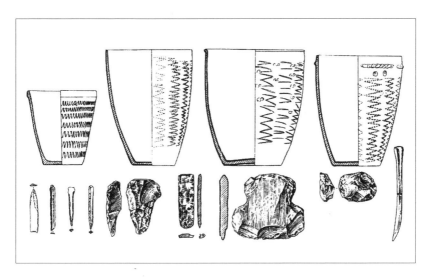

● 图 14 富河文化出土器物

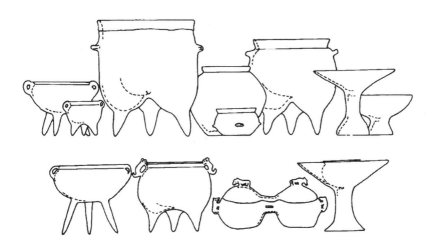

● 图 15 夏家店上层文化陶（上）、铜（下）器群

四、"条块"说 | 37

附近小河沿、大南沟两个属于"后红山文化"遗址的发掘，还提供了红山文化后期与夏家店下层文化相衔接的线索（图16—19），富河文化与夏家店上层文化是否衔接尚无线索，但从这两种文化的分布范围和时代来说也不无可能。它们之间的相互关系好像是海浪式的一进一退，轮流占据这个地区的中心部分，红山文化向南发展，富河文化代替，夏家店下层文化也发展到燕山以南。这种既有连续性，又复杂多样，既反映在一定范围内的摆动，在摆动中又有稳定性的规律，在商周时期以后表现得更为突出。

在青铜时代晚期（西周–春秋），长城内外曾存在过三种青铜文化交错的现象，这就是靠近北部的夏家店上层文化以及与它接近的晚期青铜文化，靠近京津地区的接近周人的燕文化，介于两者之间的朝

● 图16 具东北地区特征的筒形罐

● 图17 具红山文化特征的彩陶钵

● 图18 镂孔豆受大汶口文化影响，又是较早的涂朱黑陶器

● 图19 盂形器是夏家店下层文化陶盂的前身

阳地区大小凌河流域的魏营子文化又似乎是从夏家店下层文化直接发展而来的一种文化。到春秋之际或战国早期，存在于长城地带广大地区的燕文化，特征明显，但又有从前段的中间地带直接承袭夏家店下层文化的线索，独具特征的"燕式鬲"，结构（袋式器体）恰恰同夏家店下层文化晚期鬲一脉相承（图20）；燕下都出土的大量所谓"饕餮纹"瓦当，也不能简单理解为就是从殷周文化承袭而来，而可能与"燕式鬲"一样，源于燕山南北的古老传统（图21、图22）。据《史记·燕世家》，作为战国七雄之一的北方大国——燕，自称是周召公之后，但中间却有若干世系连不起来，这种情况曾使人百思不解，可是如果从考古学文化的角度进行分析，似可认为燕文化是从新石器时代开始，几经周折和融合了当地几种不同文化而形成的。

与辽西古文化区相邻的内蒙古中南部作为又一段农牧交错地带，文化发展自然有与辽西区相似的一面，又有自身特点。这里西部的河套和东部的河曲，包括岱海地区，在距今6000年前后都分布有仰韶文化庙底沟类型的北支，说明它们有着共同渊源。距今5000年前后

● 图20 "燕式鬲"的结构，与夏家店下层文化晚期鬲一脉相承
　　左：战国早期　中：战国晚期　右：战国中期

● 图21 饕餮纹瓦当

燕下都大量饕餮纹瓦当,不能简单理解为从殷周文化承袭而来,同燕式鬲可追溯到夏家店下层文化一样,燕瓦当也是燕山南北古老传统的延续

则一分为二,河套地区以阿善二期为代表,它的彩陶纹饰如鱼鳞纹、三角纹、菱形格子纹等同以前没有继承关系,退化到末期阶段的小口尖底瓶则说明它是前期阶段的延续。到距今4000年前后以阿善三期为代表,缺乏袋足类陶器,却有一定比例的彩绘陶。而河曲地区以准格尔旗的几个地点为代表,在距今5000年前后出现末期小口尖底瓶

● 图22 燕下都宫殿区中心建筑——武阳台

与尖底腹斝共生,已是鬲的原型。距今4000年前后以朱开沟遗址为代表,下层已出现早期铜器(铜指环),上层与商代铜戈共出有具北方特点青铜器。河曲地区向东,则与晋北、冀北相连,在蔚县三关遗址不仅发现末期小口尖底瓶与尖底腹斝共存,还发现有仰韶文化庙底沟类型玫瑰花图案彩陶与红山文化龙鳞纹彩陶共存(图23、图24),说明张家口地区是中原与北方古文化接触的"三岔口",又是北方与中原文化交流的双向通道。我们曾把从河曲、岱海到晋北、冀北称为又一个"金三角"(仿下面提到的辽西建平、凌源、喀左三县邻界地带发现的红山文化为"金三角"),因为这里不仅是中原仰韶文化与北方红山文化结合的花朵,又是中原距今5000年前后一次巨变的风源,还是鄂尔多斯青铜文化的摇篮,所以,其重要性并不亚于辽西古文化区。

这里再讨论一下鬲的起源问题。对于这种被誉为中华古文化标准化石的鬲是如何产生的,一直是让我困惑的一个问题。安特生曾提出过鬲的起源是由三个尖底器结合而成的假说,我在《瓦鬲的研

● 图23 仰韶文化庙底沟类型彩陶盆

● 图24 红山文化彩陶罐

图23、图24: 河北省张家口地区桑干河上游,发现了仰韶文化与红山文化一南一北相接触的证据

究》一文中也曾就袋足鬲起源的时间、地域做过推论，但长期以来却找不到可以说明问题的典型标本。1984年在内蒙古呼和浩特市参观一批近年在伊克昭盟（今鄂尔多斯市）准格尔旗两个地点发现的两件晚期小口尖底瓶（一件完整器、一件残片）和两件尖底腹斝残片（图25、图26），特别引起我们注意的是：两件小口尖底瓶底部内壁结构的细部变化与尖底腹斝的细部变化几乎一样，这使我们似乎可以肯定两者间曾共存交错。值得重视的现象是：第一，该地区晚期小口尖底瓶既属常见器物，且发展序列完整，这同中原地区（特

● 图25 河曲地区尖底瓶标本

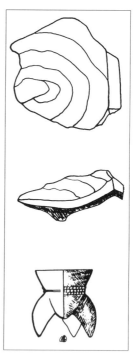

● 图26 河曲地区尖底腹斝标本

别是在晋南一带）没有什么不同；第二，该地区较突出的一个特征因素是蛋形瓮，它数量多，变化快，序列完整，在"北方"范围内与其他地区有所不同（图27）；第三，我们在蔚县西合营见到几件尖圆底腹斝，实际上，从器体部分观察，它属于蛋形袋足瓮。据此，我们还可做进一步猜想：两者间曾经经历过从尖底瓶与蛋形瓮共存，过渡到尖底瓶、三袋足尖腹底斝与三袋足蛋形瓮共存，再过渡到三袋足蛋形瓮与三袋足圆腹底斝共存几个阶段。源于关中，作为仰韶文化主要特征器物之一的尖底瓶，与源于河套地区土著文化的蛋形

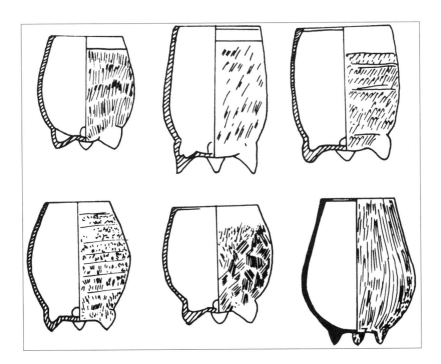

● 图27 三足蛋形瓮

下右：蔚县出土，其余的都出土于内蒙古准格尔旗朱开沟

瓮结合，诱发了三袋足器的诞生。我们曾经长期注意，寄希望于中原地区是否也有这种现象？1985 年 11 月间在山西侯马市区北部一处遗址试掘，发现一件可以复原的篮纹侈平沿、尖圆底器，很像北方河曲地区出的尖底鬶的腹部。我曾想，如果中原地区的人们把另三件同类尖底器安在它的腹部，合成一器，不就是鬶了吗？但事实上，我们没有找到这类残片的踪影。看来，三袋足器的诞生，源于何时、何地、何条件促成，这个长时间使考古学者感到困惑的问题的谜底可能就在北方的河曲地带这一角。三袋足器的发源地不在中原而在北方的重要意义在于，把源于中原的仰韶文化更加明确无误地同青铜时代的鬲类器挂起了钩，而这一关键性转折发生在北方区系，是两种渊源似乎并不相同的文化的结合或接触条件下产生的奇迹。

对燕山南北长城地带进行区系类型分析，使我们掌握了解开这一地区古代文化发展脉络的手段，从而找到了连接中国中原与欧亚大陆北部广大草原地区的中间环节，认识到以燕山南北长城地带为重心的北方地区在中国古文明缔造史上的特殊地位和作用。中国统一多民族国家形成的一连串问题，似乎最集中地反映在这里，不仅秦以前如此，就是以后，从南北朝到辽、金、元、明、清，许多"重头戏"都是在这个舞台上演出的。

以山东为中心的东方（图 28）

如果说燕山南北长城地带考古区系的建立，主要是依据近 10 年的工作，那么山东地区的工作基础便要好得多。在 20 世纪 30 年代初，中国老一辈考古学者根据山东省章丘县龙山镇城子崖及其他同类遗址的发掘材料，结合河南安阳后岗遗址发掘的"仰韶、龙山与

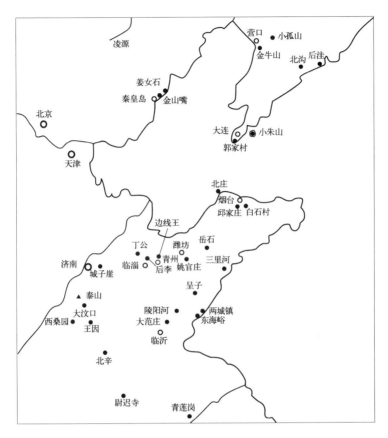

● 图 28 文化区系中的东方区系示意图

小屯"的三层文化遗存叠压关系,不是简单地把它们看作类似三代人那样的垂直关系,而是把它们区别开,分立"户头",这就意味着把以位于山东的"城子崖"、位于河南的"仰韶村"和"小屯"为代表的三种文化遗存并列起来,这和同时代中国一些史学家提出的"夷夏东西"或"三集团"诸学说的思想脉络是大体相似的。我还记得,当1945年抗日战争胜利后,我从昆明回到北平看望梁思永先生时,

四、"条块"说 | 45

他曾同我谈起,他读了徐旭生先生的《中国古史的传说时代》,他说徐先生提出了"三集团"一说,他也有他的"三集团"想法。很遗憾,他当时没有同我再深入地谈出它的具体内容如何。1965年我在《关于仰韶文化的若干问题》一文中,曾用图解形式试图说明包括江、淮、河、汉四大流域地区几个不同方面史前文化之间在一个时期内相互接触所起的作用的论点,这同前辈诸先生的启发不能说没有关系。同样道理,50年代以来,山东省的史前考古工作的一大部分内容也是主要围绕早在30年代已经提出的"龙山文化"这个课题展开的。

不过山东地区古文化也不仅是一个整体,山东半岛自然地理、人文条件既有它内向的一面,又有它外向的一面,各地块在整个历史发展过程中是有差别的。把山东龙山文化作为一个整体,把城子崖当作它的典型遗址,或把北辛-大汶口-龙山看成一条单线,都只能增加混乱。为此,从1977年起,就提出烟台地区或莱州湾、胶东应另成区系[1];1981年,提出胶州湾附近的鲁东北古文化也有别于鲁西南[2];1988年,正式提出"青州考古"与"胶东考古"的课题[3]。

关于山东地区古文化的渊源,鲁西南临沂地区沂源县发现一处属旧石器时代早期古人类化石地点,临沂县和郯城等地发现几处属

---

[1] 1977年在南京召开的"长江下游新石器时代文化学术讨论会"中提出。见《略谈我国东南沿海地区的新石器时代考古——在长江下游新石器时代文化学术讨论会上的一次发言提纲》(1977年10月14日),《文物》1978年第3期。
[2] 1981年在杭州召开的以讨论东南沿海地区古文化为主题的中国考古学会第三次年会以后提出。见《中国考古学会第三次年会闭幕式上的讲话(提纲)》(1981年12月13日),《苏秉琦考古学论述选集》258—263页,文物出版社,1984年。
[3] 1988年在山东临淄召开第二次"环渤海考古"学术会后提出。见《环渤海考古的理论与实践(提纲)》(1988年5月16日),《华人·龙的传人·中国人——考古寻根记》61—63页,辽宁大学出版社,1994年。

旧石器晚期到新石器时代早期的细石器地点，济宁地区兖州西桑园和滕县北辛等地发现属于新石器时代初期（可以早到距今7000年前）农业村落遗址等，它们之间可能存在某种渊源关系，而其文化特征同其他相邻省、区所发现的相应阶段遗存有着明显差异。

围绕泰山的鲁西南大汶口文化和龙山文化遗存分布密集，是中国一个重要古文化区。这里的北辛－大汶口－龙山文化是自成系统的。北辛是类似磁山、裴李岗文化那样单独存在的代表，王因遗址的下层则类似北首岭下层那样提供了两者间衔接关系的线索，而在大汶河北岸遗址则找到了王因－大汶口两者相衔接关系的线索，这样就可把大汶口文化的上限推至距今7000余年。我们可以从器物的形态上看到，北辛的典型器类如堆纹带腰釜跟王因等大汶口文化中的釜形鼎的发展序列相互衔接。这种鼎一直延续到大汶口文化的后期，是大汶口文化中代表性器物之一。北辛发现的三足杯，不仅与王因遗址的三足杯可以衔接（图29），而且大汶口文化中的三足杯和它后期出现的高脚杯，都与龙山文化中常见的黑蛋壳陶杯可以连接起来（图30—34）。至于鬶的变化，是从实足变为空足和袋足。在大汶口文化的中晚期，这三种器型曾共存过一段，后来，到了龙山文化时期，鬶的器形才变为空足和袋足两种（图35）。由于在几种器类上都能看到这样一些变化，因而使这两种文化之间本来模糊的关系逐

● 图29 王因遗址三足觚形杯

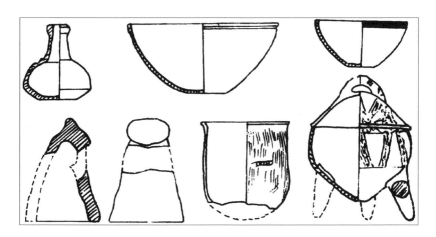

● 图 30 北辛遗址陶器

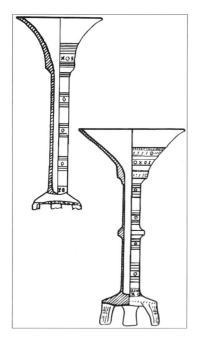

● 图 31 大汶口文化早期三足杯
（王因遗址）

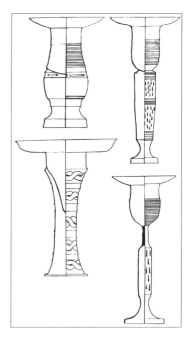

● 图 32 龙山文化高足杯
（诸城呈子）

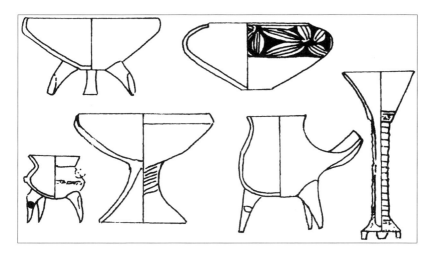

● 图 33 大汶口文化早期陶器（王因遗址）

● 图 34 尉迟寺遗址黑陶高足杯（右）及带盖镂孔豆（左）

● 图 35 西夏侯墓地袋足鬶

四、"条块"说 | 49

渐清楚了。除了陶器以外，生产工具中以出土大量石铲而引人注目。这里出土的石铲从早到晚，由厚变薄，越做越精。不过，综合这一地区的文化遗存，可以看到两者的活动中心并不完全一致。大汶口文化的分布以泰山为中心，龙山文化最初发现的蛋壳陶虽然是在历城的城子崖，但它的老家却在鲁东的临沂、昌潍地区。只有在那里可以看到大汶口文化和龙山文化的衔接点。

昌潍地区，即以山东胶州湾附近地区为中心，包括了除胶东半岛以外的鲁东北大部分地区，或者说以现在的潍坊地区东半部近海条形地带为中心，这一地区的新石器文化，以临沂大范庄、日照两城镇、东海峪、诸城呈子、前寨、潍坊姚官庄、胶县三里河等典型遗址为代表，同鲁西南相比，从大汶口－龙山文化两者间前后连贯、一脉相承的传统格外清楚，两者间各自的文化特征以及演变过程的阶段性同样清楚（图36）。这是我们最初把这一地区同鲁西南区别开来的主要依据。1988年在临淄看到邹平、广饶、临淄、张店和青州新出土的考古标本，东西跨越不到100公里，年代跨越距今7000—2000年，上下近五千年。其中相当于北辛文化典型器类是饰乳丁或压印、刻画人字纹、锯齿纹。类似的压印或刻画纹最近的是长岛北庄的直筒缸（图37），较远的则是辽宁后洼、岫岩北沟和沈阳新乐遗址下层等，自身特征鲜明；相当大汶口文化的邹平西南庄遗址特征器类之一鼎的双耳包括：乳丁状瘤形、双耳呈齿状、错位、鋬手形状不对称，一耳向上倾斜，一耳向下倾斜，有彩绘。另出一片彩陶，绘双鸟在水上比翼齐飞；与大汶口文化关系仅属相互影响而非嫡亲近亲，应独立开户；相当龙山期的临淄桐林一个单位，出土一组大型精致陶器，包括一件大型陶甗，带盖，体型为釜状，另接装三大袋足，痕迹清晰；相当龙山到岳石期的青州郝家庄、邹平丁公、

● 图36 三里河遗址黑陶罍(左)和黑陶盒(右)

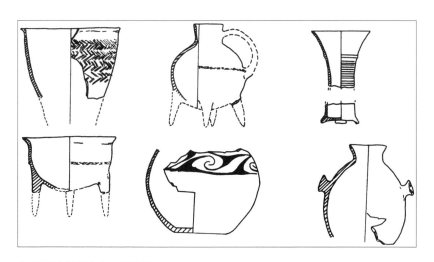

● 图37 长岛北庄一期陶器

四、"条块"说 | 51

临淄东古特征器为圜底盆,盂形器体下接三袋足的鬲;临淄东古出一组墓相当商周,鬲类包括殷式、周式和本地"青州式"共存(图38—40);又一组墓相当西周到春秋战国,鬲除"青州式"外,还有燕式。使我们感到惊讶的是,在这东西不足100公里之内的齐国都城附近,上下跨越几千年间,竟能既与周围保持多方位的文化接触联系,又长期保留自成一系的文化特色。齐国政治中心也就是古青

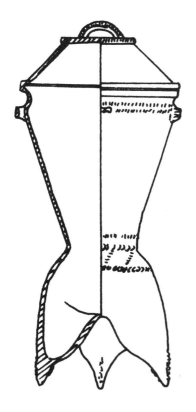

● 图38 临淄桐林田旺陶甗(龙山期,距今4000年)

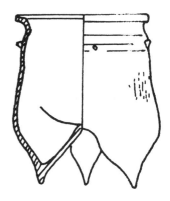

● 图39 圜底釜类器接三袋足:邹平丁公陶鬲(岳石期,距今3000年)

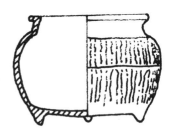

● 图40 圜底釜类器接三实足根:临淄两醇陶鬲(春秋战国,距今2000年)

州地。然则青州与齐就是一家人？齐与燕文化有多种牵连，自不待言，同时商周文化影响淡薄，东北方夷文化也有一定程度反映。周初分封姜齐，史称"因其俗，简其礼"，看来指的就是保留青州古文化习俗。春秋战国时期，齐号称大国，文化发达，政治开明，既富且强。仅从这批材料来看，齐人文化确是源远流长，自成一系，同时，从一开始就从海上与辽东相连，从陆上和殷、周、燕交通，兼收并蓄，很不寻常。所以从区系考古角度看，青州考古应作为专门课题。

以莱州湾沿海地区为中心的胶东地区，考古工作起步虽较晚，但典型遗址已可按年代大致排出顺序：约当距今7000—6000年的烟台白石村遗址下层与鲁西南的北辛遗址遥遥相对，此后为相当新石器时代中期的福山邱家庄和长岛北庄（山东省内现今唯一全部揭露出来的原始文化村落遗址），属新石器时代晚期的栖霞杨家圈、照格庄，它们的主要序列陶器种类有鼎、乳钉状（或蘑菇状）把手筒形釜等（参见图37），明显区别于山东大部分地区的大汶口－龙山文化系统，却在当地铜器时代仍保持了这种乳钉把手的传统痕迹——在同类器上加有泥饼。这一地区从距今7000年起，到距今3000—2000年止，上下近五千年，从原始社会到商周时期，从整体上来看，前后相承，比较连贯，文化传统的自身特征鲜明。不管每个阶段和周围地区对照比较，有多少千丝万缕的联系，那说明它们并非孤立，而是同周围人群交流中相互影响，是同步发展的，绝不是落后的角落，更不是"北辛－大汶口－龙山"序列的边缘地带。山东发现的商周青铜器地点，以胶东一带为最多，烟台地区17个市县中，有13个出商周青铜器，就很说明对这一地区生产力发展水平不能低估。如与隔海相望的辽东半岛的旅顺郭家村和长海广鹿岛等地的出土物相比较，却可发现它们之间有许多相似之处，例如，在长岛缺乏农耕工具，而大量使用鲍鱼壳做工具，甚至打制或磨制的石刀，形制也与鲍鱼壳相近似，这种工具既利于切割，也便于刮削，辽东半岛的那几处遗址虽似缺乏用鲍鱼壳制作的工具，但是却大量出土类似前者的石刀，这种情况应当与当时的生活方式相同有关，从而说明两地在民族文化传统上的渊源及其密切关系。考虑到这两个半岛作为中国腹地与中国东北部以及东北亚之间的重要通道，在中国古代的特殊地理位置和特殊作用，把胶东考古作为又一个专门课题，就并非次要问题了。

以关中、晋南、豫西为中心的中原（图41）

与包括北方区系，甚至山东区系在内的周围地区相比，中原地区自然是考古工作做得最早、最多的地区，从三代以至三代以前到秦统一的"逐鹿中原"的形势，也使这一地区的文化面貌最为复杂。现在所称的"中原古文化"，在中国考古学中只能算作我们为了研究的方便而约定俗成的一个暂设的"区系"概念，还说不上是经过科学论证的考古学术语。其范围大致包括关中（陕西）、豫西和晋南一带。对于这个考古学文化区系概念的形成，我们应该历史地看，它是对若干年来西起甘（肃）青（海），东至山东一线考古工作成果进行总结得出的一种"暂设"的认识。这个认识的依据，我们在前一章"解悟与顿悟"介绍仰韶文化研究成果时已谈过一些，这里不妨再归纳为以下几点。

第一，陕西、甘肃两省间隔着六盘山和陇山这样一条不清晰（模糊）的界线（文化的）。陇山东西两侧古文化的发展道路是有差异的：在东侧，从仰韶文化之后发展起来的，是以客省庄二期为代表的新

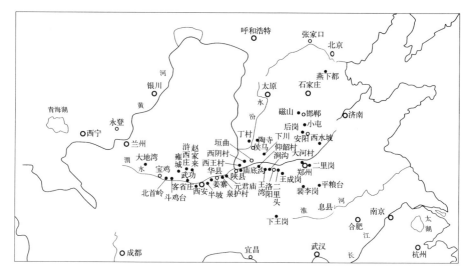

● 图 41 文化区系中的中原区系示意图

石器晚期文化；在西侧，从仰韶文化之后发展起来的，则是马家窑文化和有关诸类型以及齐家文化。这一地区青铜文化的类型更加复杂。但要指出的是，这里进入青铜时代的时间并不晚于商代，可以认为它是中国又一个较早发明青铜器的地区，是周秦的老家。因此，在考虑陇山两侧古文化的渊源时，如果简单地归为同源并不妥当。

第二，豫东（郑州以东）、鲁西（大运河以西）间也存在一条不清晰（模糊）的界线（文化的），中原区系与以山东为中心的东方之间的界线要在这里寻找。

第三，宝鸡－郑州间是仰韶文化的主要分布地带，连成一片，并保持同步发展。这也包括隔黄河对应的晋西南、晋中和晋东南地区。

第四，在上述范围内又可划分出两个区系，其一，可暂称中区（支），约在宝鸡－陕县间；其二，可暂称东区（支），约在洛阳－郑州间。中区（支）包括仰韶文化发展的核心区，可分为半坡和庙底沟两个仰韶文化代表性类型。

第五，位于上述中、东两区系（支）之间的洛阳-陕县一段（大致与老函谷关-新函谷关之间相当），也就是以仰韶村遗址为代表的文化类型，除了和中、东两区系（支）部分文化特征相似，并具同步发展的过程以外，如果把它同隔黄河对应的山西垣曲一带连成一气，它自身并不乏明显地区别于中、东两区系（支）的特征因素，很可能自成一系。1981—1982年河南的同行在仰韶村遗址做了工作，挖了200平方米，分了几期，左与关中、右同洛阳比较，各是各的，面貌不一样，不完全是"混合文化"，有"混合"的一面，也有自己的一面，特征突出。

以上跨越的空间，大致西起甘肃东部，东至河南中部的郑州，中间穿过陕西关中（渭河盆地）。跨越的时间大致上起距今7000年前后，下至距今5000年前后；中心内容是仰韶文化。其中大致距今7000年前后，西端（陇东）的秦安大地湾下层，相当于"前仰韶文化"时期，与仰韶文化中心区的中支宝鸡北首岭下层（底部）"前仰韶文化"遗存和东支郑州大河村下层（底部）"前仰韶文化"遗存之间相比较，三者虽有一些相似的文化特征因素，但我们暂时还没有探讨它们之间亲缘关系的条件；大约距今6000年前后，是相当于仰韶文化的前后两大期；大约距今5000年，则是相当于"后仰韶文化"时期。

关于这一地区古文化的渊源，有些现象是很重要的。如丁村遗址中的出土物，与山西境内其他不同时期的旧石器时代遗存在文化面貌上有不少共同之处，有趣的是丁村遗址（汾河西岸）中也有细石器，层位关系清楚，距今26000年以上，是迄今发现的最早细石

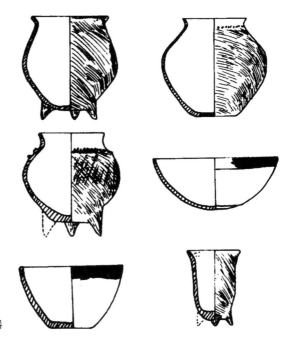

● 图 42 北首岭下层陶器

器。它与沁水下川的细石器遗存,在文化面貌上也有连续性。尤其值得注意的是,无论中条山北侧的西阴村,还是南侧的东庄村、西王村以及垣曲境内发现的仰韶文化遗存中,除其他特征有相似之处外,都含有细石器。这或可说明山上山下的文化之间具有承继关系。至于仰韶文化,虽然河北武安磁山、河南新郑裴李岗或华县老官台都发现了距今七八千年的较早遗存,为探讨仰韶文化的起源提供了线索,可是迄今只有宝鸡北首岭遗址的下层遗存,从地层与器物两个方面提供了较直接的可资讨论的资料。(图 42)

从距今 7000 年的仰韶文化早期到距今 5000 年的仰韶文化晚期阶段所经历的发展、变异、融合和演变的全过程,以及从仰韶文化过渡到"客省庄二期文化",从客省庄二期文化到周文化,正存在着文化传统的连续性。

青铜时代,现在的河南成了当时政治活动的中心。夏、商两族曾在那里交错存在。目前对这一地区的商、周文化,认识比较全面,但对夏和先夏、先商以及先周文化的认识远不够清楚。对于和它们同时存在的其他文化的遗存,也还不易辨认和区分。但是,对夏、商、周三者在文化面貌上各具特征以及各有渊源和其发展序列这一基本情况,则已有了较为清晰的认识。对于中原地区来说,夏、商、周都是"外来户",大约先周与西部有关,夏则有源于东南方的线索,商人则认东北为老家。所以,把黄河中游以汾、渭、伊、洛流域为中心的地域,称作中华民族的摇篮并不确切,如果把它称作在中华民族形成过程中起到最重要的凝聚作用的一个熔炉,可能更符合历史的真实。

以环太湖为中心的东南部(图43)

与北方区系、中原区系并列为三大区系的东南沿海地区,因为面向海洋,古代文化有不少共同因素,同时对中国社会历史与民族文化诸特征的形成一直起着重要作用。就新石器时代来说,这一地区诸原始文化中普遍流行穿孔石斧、石钺、有段石锛、圈足陶器、三足陶器,这一地区诸原始文化的社会发展,普遍地具有比较明显的阶段性和大体上的一致性。它们在这一期间,对中国其他人口密集的广大地区的影响、作用是显而易见的,如流行于全国广大地区的以"鼎、豆、壶"组合而成的礼器、祭器就是渊源于这一地区。但这只是问题的一面,还有另外一面,那就是中国东南沿海地区的

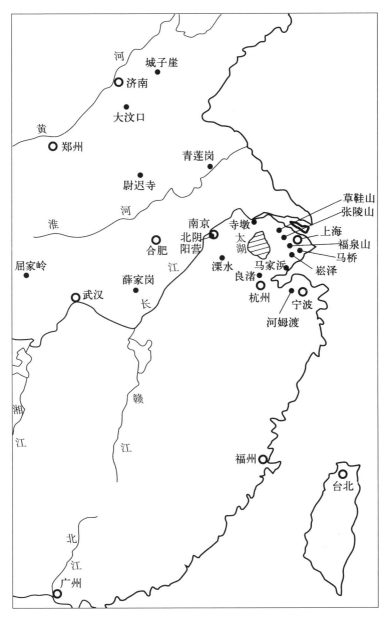

● 图 43 文化区系中的东南区系示意图

新石器诸文化，尽管它们呈现出许多相似之处，存在明显的共性，这只能说在当时它们之间具有比较密切的联系，而不能说它们属于某一个人们共同体。它们之中各个地区、各个块块的社会历史文化的发展，必然还是在它们各自的一定范围内，按照它们各自的社会关系和文化传统而向前发展的。它们之间的互相影响、作用应该重视，但总是次要的，排在第一位的应该还是它们各自如何发展。

以环太湖为中心的东南部，包括长江下游的江苏、上海、浙江、安徽，是东南沿海地区与山东并列的另一重心。这一地区是考古学文化区系类型学说提出前后，学术讨论最活跃也是争论最多的一个区系。1977年，在南京召开的"长江下游新石器时代文化学术讨论会"，可以说是有关考古学区系类型的第一次专题性会议，接着就有1981年以东南沿海古文化为专题的中国考古学会第三次年会和1984年"太湖流域古动物古人类古文化学术座谈会"。从把山东、江苏、浙江古文化都包括在内的"大青莲岗文化"，到分为江北、江南两区，江南又分出宁镇、太湖两区，再到太湖流域又可分出若干小区的认识过程，说明区系类型学说在这个地区深入是比较快的，效果也比较显著。目前，以太湖流域和宁镇地区这两个区系比较明显。围绕洪泽湖、淮河下游包括苏鲁豫皖邻境地区以及浙南地区考古文化区系的建立，也已提上日程。

太湖地区东临海，北到长江，西到茅山山脉，南达天目山山麓，这三四万平方公里，是一个考古文化实体。太湖地区积累材料较多，对它的重要性的认识也比较清楚。对这一地区古文化遗存的认识过程与黄河下游的山东地区很相似，山东是先认识龙山文化，后认识较早的大汶口文化和更早的北辛文化的，这里也是先认识时代较晚的良渚文化，后认识时代较早的马家浜文化。30年代施昕更发现良渚遗址，他已认识到太湖流域古文化有特色，称得起是开拓型人物。当时卫聚贤等倡导的吴越史地研究会，时间不长，活动不多，抗日战争爆发后就没有下文了，但这也说明它的发起者已清楚认识到吴越史地作为专门课题的重要性。良渚遗址发现之初被归入龙山文化，认为比龙山文化晚，这和当时学科还在初创阶段有关。现在我们依据田野考古工作突破性成果，已可将太湖流域从距今7000年到距今4000年前后的新石器文化和青铜文化排出发展序列了。吴县草鞋山、张陵山等地提供的地层关系以及后来在桐乡罗家角的发掘，说明这里的文化发展序列为：马家浜文化－良渚文化－青铜文化（古吴越）。这是在覆盖面基本一致的条件下，从距今7000年的马家浜文化到距今四五千年的良渚文化再到西周以前的古吴越文化，它们上下年代可以连贯起来，自成体系。马家浜文化中的陶器自有其组合，如宽平沿腰带的釜，有类似腰带的鼎，豆、壶以及大穿孔石斧（钺）等（图44）。中期阶段可以青浦崧泽遗址的主要遗存为代表，再后是良渚文化（图45）。以溧水神仙洞为代表的洞穴堆积，则为探索这一地区新石器文化早期遗存提供了线索。

  围绕太湖附近，古文化遗址分布相当密集，它们在各个不同阶段中分布情况是否有规律，也需要考虑。我们注意到包括马家浜－良渚文化的多层堆积集中分布在太湖东北侧，在太湖东南侧则良渚文化比较发达，位于太湖西南侧的浙江嘉兴地区则发现商周青铜器地点较多，有的出在良渚文化－几何印纹陶遗址附近。这类遗址多是几何印纹硬陶与釉陶或原始瓷的特征更为明显。我们或又可以把环太湖流域分为三个小区系：苏松地区（苏南）、杭嘉湖地区（浙江北部）和宁绍平原（浙江东北部）。苏松地区以常州为界与宁镇地区相邻；浙江北半部、杭州湾南北两侧的两大平原——宁绍平原和杭

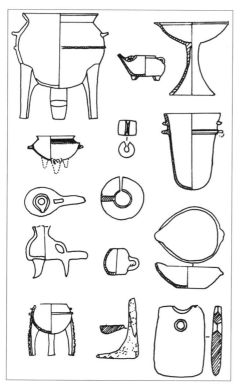

● 图 44 马家浜文化器物

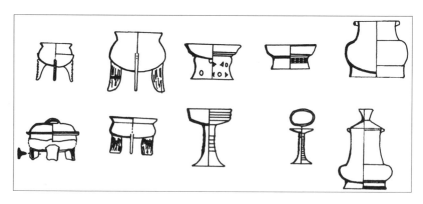

● 图 45 良渚文化陶器
　　上：早期陶器，下：晚期陶器

嘉湖平原，两者既各具特征互相区别，又关系密切。

以上太湖流域三个小区系之间关系比较紧密，而同宁镇地区的关系比较松散。例证之一是宁镇地区出土的炊器典型器类是鼎，而太湖流域三个小区系出土的炊器典型器类是釜。苏松地区的炊器典型器类陶釜，又可分为两种（图46），它们各有自己的发展序列（以吴县草鞋山为代表）。这三个小区系陶釜的成型方法又可分为四种，除其中一种可以名之为"原始型"外，其余三种应分属于三块，各自成完整的序列。因此，我们似乎可以给它们分别命名为"河姆渡型"（浙东北）、"马家浜－罗家角型"（浙北）和"圩墩－草鞋山型"（苏南）（图47）。

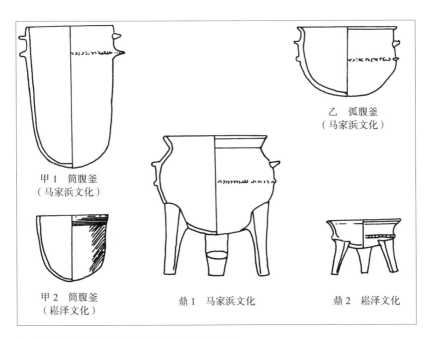

● 图46 两种釜及其发展趋势（草鞋山遗址）

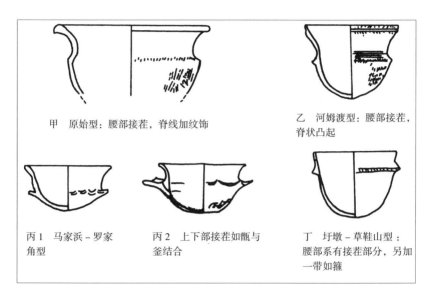

● 图47 从腰部结构划分的两种釜（罗家角遗址）

● 图48 陶釜（河姆渡遗址）

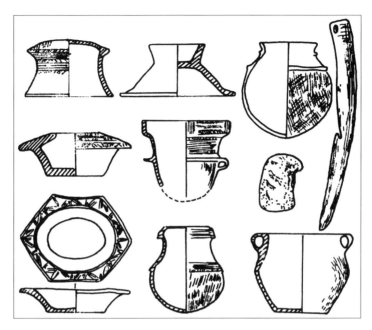

● 图 49 河姆渡遗址第四层（下层）出土的陶器和骨器

这里还要特别提一下宁绍平原。这一区系的早期遗存以余姚河姆渡下层为代表，时间与马家浜文化相当，它的文化特征明显（图48、图49），除了"河姆渡型"有子母口、支垫的圆底釜以外，还有水器为带流的盉，它们都各有其变化系列。生产工具也很有特色，如骨耜（图50）和小型的石凿、石锛等。马家浜文化中多见的大石斧钺，这里仅在后期出现，这种文化可能自有渊源。种种迹象表明，在稍后阶段，这里与太湖地区古文化更为密切，这一地区也有良渚文化和

● 图 50
河姆渡遗址骨耜

四、"条块"说 | 65

几何印纹陶的遗存,而且越到后来,两者的关系也越密切。

可见,环太湖流域在建立文化发展序列和划分小区系的基础上,还有许多工作要做。如(一)寻找早于马家浜文化,并与之有关的早期新石器－中石器时代的遗存;(二)马家浜文化中圩墩、罗家角、马家浜、草鞋山都是一条板凳上的兄弟,有共同因素、共同渊源,走过一条相似道路,它们都有腰沿釜,但从它的"原型"发展为形制特征各不相同的几个支系,需要再做工作,课题可以叫"马家浜诸文化"(仿"红山诸文化");(三)马家浜文化是如何过渡到良渚文化的,在中原地区,仰韶文化与龙山文化之间有庙底沟二期、王湾二期,都是过渡阶段性质,有很大复杂性,把它看作已解决的问题,或当作简单问题,都不利于学科的发展;(四)"后良渚文化",即古吴越文化,主要是指西周以前的早期青铜文化,可以马桥遗址第四层为代表,出有印纹硬陶、釉陶、青铜器,与较早的草鞋山上层可以衔接,这类遗存有些可能就在今天的城市及附近,有些可能不是,如"奄城"遗址。现在大家讨论"太伯仲雍奔吴",太伯是奔无锡还是奔镇江,可暂不谈,反正在此以前,这个地区曾有过自己的青铜文化,产生过自己的国家——吴越。当然,周人对这里政治文化影响绝不能低估,但古文献中所谓的"文身断发"倒似乎说明周人也曾经历过一个"地方化"的融合过程,为秦人的统一事业开辟了道路。在这一认识的基础上,可以进一步把浙江南半部另分出类似北半部的情况,即浙江西南部的"金衢"和南部的瓯江区分为两个文化系统。

以南京为中心的宁镇地区,连接皖南与皖北的江淮之间以及赣东北部一角。这一地区古文化特点表现在:南京北阴阳营遗址出土物很有特色(图51),陶器中有罐形鼎、带把鼎、盉、盂、盘、豆等,

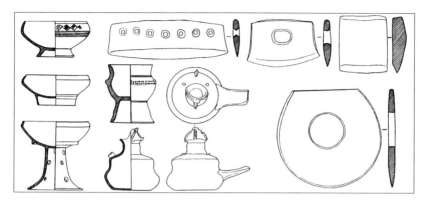

● 图51 南京北阴阳营遗址出土器物

它们也自成组合,生产工具中的有肩石铲、有肩石斧、新月形石刀等,与其他地方的同类器有明显的差异,虽然还没有发现比它更早的遗存,但当不排除其自成系统的可能,在发展过程中也有类似上海崧泽那样的阶段。近年在安徽潜山薛家岗发现了相当于北阴阳营这一阶段的遗存,特征也多相似,表明该文化类型的分布,西北部已达到今安徽省境。北阴阳营上层有几何形印纹软陶、硬陶和釉陶等,突出的还有类似偃师二里头、郑州二里岗时期的陶鬲和锥、刀等小件青铜器,表明这里的新石器文化与青铜文化是相衔接的,同时也表明,这里也是南北通道,较早地与中原地区古文化有了更密切的联系,是西北与东南古文化的交叉地带,对于中国西北和东南两大地区文化的交流,曾经起过独特作用,从而也有别于太湖流域古文化。

关于苏、鲁、豫、皖四省邻境地区的古文化,由于与古代历史上的所谓"徐夷""淮夷"有关,已经引起相关各省重视。"徐夷""淮夷"在中国古代历史上起过重要作用,如果把山东的西南一角、河南的东南一块、安徽的淮北一块与江苏的北部连在一起,这个地区出土的新石器时代遗存确有特色,这可能与"徐夷""淮夷"有关。古人说"江淮河汉,谓之四渎"。不能把黄河流域、长江流域的范围扩大到淮河流域来,很可能在这个地区存在着一个或多个重要的原始文化。近来对青莲岗遗址的再发掘,对淮河流域安徽蒙城尉迟寺等遗址的发掘成果,都已表明这一点。

这里,我要讲一段70年代初在河南息县下放劳动期间搞"业余考古"的经历。1970年初,中国社会科学院的前身——中国科学院哲学社会科学学部全体干部下放到河南省信阳地区息县东岳公社唐陂"五七"干校。这里属淮河流域,古遗址分布密度很大。在唐陂建校盖房期间,我们考古所的邻居民族所住地发现大量陶片,民族所有的同志在北大听过考古课,对考古感兴趣,于是找到了我和夏鼐同志,开始了我们在干校期间的"业余"考古。根据我的记忆,发现陶片的这处遗址的文化层包括相当于洛阳殷周之际特征的;早于前者同郑州二里岗等商文化遗址文化内涵近似的;更早于前者的文化堆积挖到距现在地表深1.5米,还不到生土,其文化特征同偃师二里头遗址下部堆积相似,出大量"哈密瓜"式的夹砂陶罐,缺乏空足(袋足)类陶器。值得注意的是,我们在这处遗址现已暴露出来的最下层内,已经看到有如二里头遗址早期的篮纹"哈密瓜"形腹砂陶罐(图52),推测它的真正最底层可能还有早于二里头下层的阶段。这就给我们一个有力的启示,看来探索"二里头文化"的渊源问题,最有希望的途径应该沿着淮河主要支流,例如汝河(包括南北两支)走向去找。此后,在我们又发现的几处遗址中,有岳城"姜黄庄"附近汝河故道旁的一处新石器时代遗址,在这处遗址的灰土层中,我们采集到不少陶片,大都是陶胎极薄的细泥杯、碗类器,另有少量夹砂陶片,胎也很薄,它们

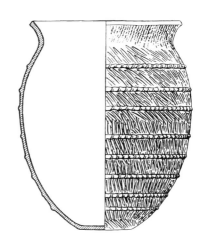

● 图 52
二里头早期篮纹陶罐

的共同特征是器体较小。这些特征使我们很自然地联想到：一是山东的"大汶口－龙山文化"诸遗址；二是湖北中部地区，特别是黄冈螺蛳山的所谓屈家岭文化遗址。淮河流域古文化的渊源、特征及其发展道路诸问题，就我个人来讲，原是异常模糊不清的，正是由于70年代初这一段不平凡的经历，才使我感受到它们在中国考古学当中确实具有不可低估的重要性。

以环洞庭湖和四川盆地为中心的西南部（图53）

与面向海洋的东南半壁既有联系又有所不同的是西南地区。这个地区是属于面向欧亚大陆的一块，文化面貌也更具地区特色。我们以环洞庭湖的江汉平原和四川盆地作为西南地区古文化的发展中心，是考虑到历史上的楚在南中国的主导作用及其与巴蜀以及西南其他各族的密切联系。这在考古文化中也有相应的反映。

谈到江汉平原的古文化，自然是以楚文化为主体。如果说，由

● 图 53 文化区系中的西南区系示意图

于秦代曾经统一过全国,从而表现出了秦文化在中国古代文明中的重要地位的话,那么,楚文化在秦统一以前以及秦代以后相当长的一个时期,几乎影响了整个南中国,从这个意义来说,楚文化至少跟秦文化同样重要。楚文化就是"楚"的文化,这个"楚"有四个相互关联又相互区别的概念:地域概念、国家概念、民族概念和文化概念。作为一种考古学文化,楚文化的内容和特征还是一个有待探索的课题。我们不能简单说,楚地、楚国、楚族的文化就是楚文化,因为前边三者是因时而异的。楚就好像一棵大树,有大的树干、大的树冠,还有大的树根体系。用这个譬喻,是为了说明楚文化应有的两个范畴,其一是,犹如这棵大树的树干,指的是因时而异的楚文化自身;其二是,犹如包括树根、树冠和树干的这棵大树,指的是楚文化整个形成和发展过程中的基础、背景以及同它有关系的诸不同地区、不同文化之间的相互影响和相互作用。只有这样看,才有可能把楚文化形成和发展的奥秘,把楚文化在中国古代文明中的重要地位真正揭示出来,进而看到中国古代文化发展的一种道路。

探索楚文化的特征和渊源,可以从两方面来进行,一是从上(早)而下(晚),一是从下(晚)而上(早)。从下而上,就是从流溯源。在江汉平原发掘出来的数以千计的大量楚墓属东周时期,它们的诸特征中比较突出的一种是陶鬲;江汉地区发现的商周遗址虽不多,但这些商周遗址出土的陶鬲,都能够清楚地看到存在于东周楚墓中那种特征鲜明的陶鬲,有它自己一脉相承的发展序列;再往上追溯,或者同时从上而下地追寻陶鬲在江汉地区的发生过程,也可以看到若干线索。这种陶鬲可以称作"楚式鬲"(图54),它的基本结构特征是,器体的腹底连接一起,空足由核心与外壳两部分构成,核心部分略呈浅凹顶圆锥体,从器体腹底由里向外穿过底壁,外壳部分略呈空心圆锥体,从器体外面紧紧裹住核心部分的圆锥体,使这两部分从器体的内外两面牢牢地黏着在腹壁,形成足间裆部就是器体的腹底,空足很浅,有的甚至若有若无。简明一点说,就是一个圈底器,从里面打洞后又从里面向外安空心羊角式鬲足,然后将内外接缝打补丁。显然,"楚式鬲"不同于器的腹足结构为一整体、足间分裆清楚的"殷式鬲",也不同于腹足连为一体、腹足底部是加上去的、足间裆部呈弧形的"周式鬲"。这三种在江汉平原虽有平行

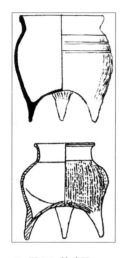 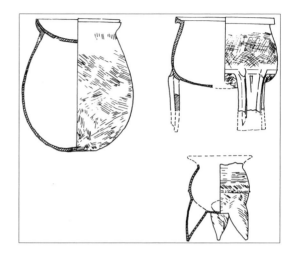

● 图 54 楚式鬲　　● 图 55 青龙泉上层陶器

> 图54、55：从江汉地区相当于商周的楚文化遗存中,提取出最重要的文化分子——"楚式鬲",是与"殷式鬲""周式鬲"平行发展,由自成一系的楚人或楚的先人所创造的,它可以从湖北龙山文化石家河类型的青龙泉上层所出的鼎、斝、甗中找到产生的基因:①青龙泉上层釜类器晚出特征是高卷领,器体最大腹径下移,圜底近平;②斝体同釜体,空足从近似白薯到圆锥体;③鼎足为横安在腹底的舌状,表面加捺圆点或刻画纵沟或加两道凸棱,这在楚式鬲约当早商标本中可看到,如高领、最大腹径近底部、似圆锥体的足、足根加纵深刻槽,有的圆锥足外平,如扁平舌状鼎足。

共生关系,但只有"楚式鬲"可以在本地的原始文化中找到来源。

江汉地区鬲类陶器的出现时间,估计在距今5000—4000年的后期,存于"湖北龙山文化"或称"石家河类型"中,这主要指鄂西北地区的青龙泉遗址,从这处遗址的上层所含斝、鼎、釜等器类的形制变化中(参见图55),可以看出它同"楚式鬲"有渊源关系。由于江汉地区目前发现的商周遗址集中在鄂中地区,鄂西则发现甚少,推测"楚式鬲"发生背景到它的消失有一个几度反复的像海潮一样的进退过程,即在距今5000—4000年后期的"石家河类型"中鄂西青龙泉上层一分支基础上产生"楚式鬲",从西向东,流行于鄂中地区;距今 4000—3000 年间,"楚式鬲"流行中心地带,从东向西,从鄂中地带转到鄂西地带;距今 3000 年以后的西周春秋时期,"楚式鬲"从鄂西中心流行区向外扩散。这样,我们沿着"楚式鬲"这条线索,追踪商周时期楚人或楚文化的活跃中心,似可认为是从鄂中转到西部,再从西部向外扩张。

由"楚式鬲"的发生,再上溯江汉地区的原始文化,可以分为三片:以淅川下王岗、郧县青龙泉下层为代表的,以仰韶文化为基础的原始文化区;以巫山大溪、宜都红花套、枝江关庙山为代表的,以大溪文化为基础的原始文化区和以黄冈螺蛳山、武昌放鹰台和京山屈家岭为代表的,以屈家岭文化为基础的原始文化区。这三片原始文化区都出一些明显地属于中原仰韶文化中庙底沟类型和半坡类型的陶器,它们之间文化面貌的阶段性变化大致相似,可知它们的社会发展进程也是大致平衡的。在晚于仰韶文化的阶段,整个江汉平原的原始文化普遍经历过两个相应的时期,就鄂西地区来说,青龙泉中层明显地受到屈家岭文化的影响,青龙泉上层则明显地受到"石家河类型"的影响,但从青龙泉遗址三层文化面貌的变化看,当地传统文化特征因素似占绝对优势。全新的因素,不问它可能来自北方或是东方,毕竟只占少数。

谈到"楚式鬲"与当地土著文化的关系,与"楚式鬲"分布范围大体一致的土家族的习俗给我们以启示。土家族分布的两湖之间、川鄂之间,河网密布,水成片,水陆难分,人群也是成片而不是沿河分布的。土家族自称是下里巴人,巴人是楚国的下层人,但"楚虽三户,亡秦必楚"却是巴人的语言,就是秦国的武装也主要是靠巴人。土家族现在使用的擂钵,就是二里头文化那种"澄滤器",其实是普通的淘米器，与"楚式鬲"一样，都是当地土著文化的特色。

进入青铜时代，中原地区经历过夏、商、周三代的所谓"汤武革命"，社会的与文化的两个方面都发生了明显变化，这对江汉地区产生了不小的震动。黄陂盘龙城遗址的文化面貌很像郑州二里岗遗址，汉阳、蕲春、武昌（放鹰台上层）等地的西周遗物，同中原相应时期遗址的文化面貌也很接近。但江汉地区依旧是楚文化的范围，商周文化仅仅是对它有一定影响而已。到了战国时期的楚国几乎统一了差不多半个中国，除了军事征服手段以外，社会历史文化背景条件究竟是怎样的呢？有一个线索值得我们注意，那就是曾长期流行于中国东南广大地区的几何印纹陶，到商周时期发展到高峰，大

● 图56 十二桥地梁

成都市内十二桥发现的距今3000多年的4根地梁，跨度12米，这种规格宏大的建筑，是成都平原古蜀方国的见证

约恰是在春秋战国之交发生了一次急剧变化，从原来多彩多样的图案，一下子简化为小米字格纹和小方格纹。这一变革不可能是军事征服或政治原因造成的，只能从社会经济文化等方面去找原因。

以上是以楚文化为主体对江汉平原古文化的分析，如果结合近

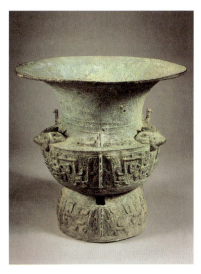

● 图 58 四川三峡地区巫山县出土商代铜尊

● 图 57 铜立人

　　四川广汉三星堆遗址，可能与巴文化有更多联系，这件铜立人高 2.62 米，重 180 公斤，是该遗址最具代表性的器物

四、"条块"说 | 75

年工作，还可再做些补充。在湖北省境沿长江一线西头的宜昌－荆山一带古文化独具特征，中段的汉江以东或云梦泽一带、大洪山周围、京汉铁路两侧也自成系列，盘龙城古文化已提出重点线索；黄冈市以东的皖、赣、鄂三省邻境地区，正是自古以来南北要道，文化的多元性特别清楚，需要更多地从南北连接着手。就湖南省境来说，对划城岗遗址是否应属于大溪文化的讨论，结合洞庭湖周围的彭头山早期新石器文化，下至石门皂市一类古文化遗存，特别是湘北一带出土的商周青铜器，明显地说明，对湘北古文化序列应重新审查，寻找认识上的突破口。

关于四川盆地考古，是从 1984 年才有所认识的，此前，考古界对巴蜀文化的认识只停留在几种形制特异的陶器、巴蜀式青铜兵器以及画像砖之类的文物上。博物馆的陈列尽管看起来琳琅满目，美不胜收，毕竟还不能反映巴蜀古文化的全貌和源流。1984 年，国家文物局在成都召开第一次全国田野考古工作汇报会，给我提供了一次良机，记得那次主要不是在博物馆展厅，而是在库房里看到了真正的"古蜀文化"，那是在成都市内西门方池街施工工地上捡来的陶片，同时还有广汉三星堆、月亮湾发掘的 2000 平方米出土的一大批陶器。由此我确信，成都及其附近几县从距今 5000 年前新石器时代晚期至距今 3000 年前存在着自成一系的古蜀文化区系。在三星堆遗址最底层挖出来的陶片，年代在距今 6000—5000 年，尖底器在这里出现早，是巴蜀文化的根。时隔两年，在成都市区十二桥配合基建发掘中，又发现距今 3000 多年的大面积建筑遗址群，其中有四根跨度 12 米的地梁和夯土"城址"（图 56）。差不多同时，在广汉三星堆又有了惊人发现——埋有大量极具特点的珍贵文物的埋藏坑，其中包括一件 2.62 米高的铜立人像（图 57）、1 米多宽的突目人面铜器，使距今 5000 年的原始文化与距今 3000 多年的古蜀、古广汉文化更清晰地连接起来。1987 年在成都、广汉召开的座谈会上，我对四川的考古学者们讲，现在已经抓住了蜀中考古的生长点。近年配合三峡工程建设，在三峡地区开展的三峡考古大会战，北大在四川忠县发掘的一个大遗址，几万平方米，面临嘉陵江，前面有开阔地，很不一般，性质属巴文化，这个遗址东边巫山县出土的商代铜尊，与广汉三星堆埋藏坑的铜尊有关，可能说明广汉与巴文化有更多联系（图 58）。可见，四川古文化又可分若干块块。从区系角度讲，四川也不止一巴一蜀。四川是西南地区的重点，曾是周、秦、楚的同盟者活动地区，四川的古文化与汉中、关中、江汉以至南亚次大陆都有关系，就中国与南亚的关系看，四川可以说是"龙头"。

以鄱阳湖 - 珠江三角洲一线为中轴的南方（图 59）

关于华南地区考古，长期以来对从鄱阳湖到珠江三角洲一线的新石器时代到青铜时代的认识，犹如蒙着一层纱布而处于若明若暗状态。1975—1976 年，我在广东利用半年时间，详细考察了广东省博物馆曲江石峡等地的新发掘材料和石峡遗址考古工地，以及馆藏全省来自东、西、南、北、中五个方面收集的重要库存材料，又阅读了 1978 年 9 月在江西庐山召开的"江南地区印纹陶问题学术讨论会"论文和江西省博物馆与印纹陶有关的诸遗址材料。由此我确信，过去那种把江南以及东南沿海广大地区笼统称为"印纹陶文化"，认为华南地区没有自己的青铜文化，没有奴隶社会，只是在楚和吴越文化影响下，才出现仅有两千年文明史的传统观点应予修正。史实是，印纹陶作为一种考古学文化不妥，但作为一种重要文化特征因

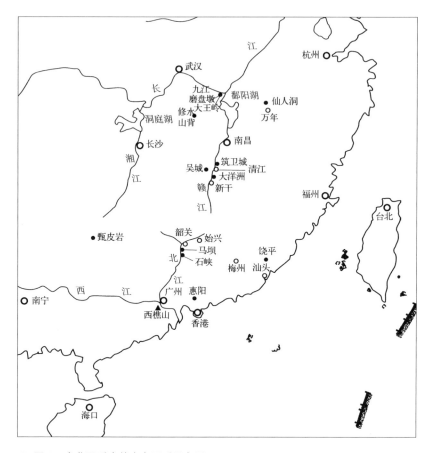

● 图 59 文化区系中的南方区系示意图

素，从新石器时代一直到秦汉时期存在于中国东南几省却是事实。可以将它作为一把"钥匙"，帮助我们打开探索中国这一重要地区从原始社会到秦汉以前重要历史课题的大门。

所谓"印纹陶文化"，包括了不同的考古文化区系。以鄱阳湖 – 赣江 – 珠江三角洲为中轴的一线，是几何形印纹陶分布的核心区，共存的重要因素还包括有肩石器及平底鼎、豆、盘。这一地带的四周都是中国人口密度较大地区，太湖流域经闽台（包括台湾省）到粤东潮汕地区是它的东南翼，从洞庭湖、湘江到西江流域（主要是湖南西半部和广西东半部）一带是它的西翼，江淮间一带（大致包括苏北、皖北、鲁西、河南中南部、鄂东部）是它的北邻。作为核心区的南北轴线也是今京九铁路所经地带，显而易见，这是一条自古以来形成的南北通道，华南与中原的关系，与南海诸岛以及东南亚广大地域的关系都可以在这条南北通道上寻找答案。有肩石器应该就是由这里向南向印度洋方向传布的，有段石器则向太平洋方向传播，平底的鼎、圈足的豆和盘则成为中国早期礼器的来源之一。顺便提到，闽北、闽南和台湾是各有特征又密切相关的三个文化小区，是中国古文化与海洋文化接触的前沿中心，又是环太平洋文化圈的重要一环。唐朝人"控蛮荆而引瓯越"的论点，可以从这里得到更深一层的理解。

在几何形印纹陶分布的核心区，印纹陶发达，共性多，但赣北和粤北又有所不同，渊源发展道路各异，应视为不同区系。

赣北地区印纹陶发展序列完整、突出为其他地区所不及。这一地区的万年仙人洞遗址，有上下两层堆积，典型器物的变化序列反映了这一地区新石器时代较早的两个阶段，它的特征主要是几何印纹陶的萌芽，以圆棍做工具的凹圆窝状纹（图60）。下层只出单一的夹砂陶，时代当在距今7000年。修水山背、清江筑卫城与吴城等地的遗存，在年代上不能与万年仙人洞遗址相衔接，但估计其间的差距是工作上的缺环，而不是实际上的空白，因为在这一地区的东、西、南三面都有距今7000—5000年的遗存。筑卫城的几何印纹陶相当发达，一直晚到商周时代，陶器上盛行的印纹包括三类：圆

● 图 60 江西地区"几何形印纹陶"纹样： 萌芽期纹样，仙人洞出土

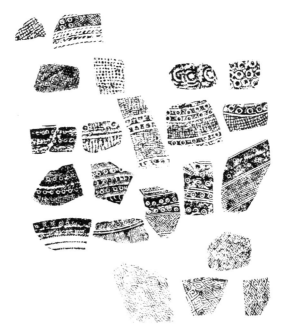

● 图 61 江西地区"几何形印纹陶"纹样： 发展期纹样，筑卫城中层、吴城出土

● 图62 江西地区"几何形印纹陶"纹样：变化期纹样，九江磨盘墩及吴城、新干出土

点、圆圈，方格、菱形、回纹、重菱纹、米字形纹，平行曲折线纹和雷纹等（图61）。这三类花纹都有其变化的规律。几何印纹在距今5000—3000年是最发达阶段，以后或过于简化，或立体化了。大约在距今4000年，这里也进入青铜时代。江西吴城商代城址的发现是重大突破，说明这里的文明既与中原商殷文明有密切联系，又有浓厚地方特色，是与商王朝处于同一社会发展阶段而又雄踞一方。90年代在新干大洋洲的重大发现是又一极好例证。

这一时期的几何印纹陶花纹以仿铜器花纹为主，如加强浮雕效果的勾连雷纹和变体雷纹（图62）。器型也有仿铜器造型的。约当春秋战国之际和战国时代，江西北部从初见铁制工具，至铁器推广应用回到制作生活器皿、兵器的同时，几何形印纹陶则简化到以"米"字纹为主，方格纹变为细小方格以至类似布纹（图63）。这一现象，

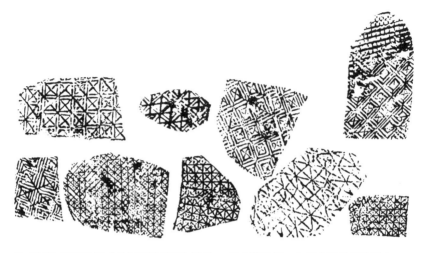

● 图63 江西地区"几何形印纹陶"纹样：简化期纹样，九江大王岭等地出土

一则反映这一地区当时社会经济文化发展水平同中原不相上下，再则说明东南几省恰在这时期几乎全部流行"几何形印纹陶"。我们不妨说，远溯至从新石器晚期或原始公社氏族制刚刚开始解体过程的时候起，在各个不同的社会发展阶段，南北之间不断发展的经济文化交流，互相影响、互相渗透的情况，到了战国时代更前进了一步，已为以后秦汉时代实现的政治上统一的多民族国家奠定了基础。

岭南地区有与赣北相应的发展序列。北江流域有类似万年仙人洞下层的堆积，如在始兴玲珑岩发现了在胶结层中包含单一夹砂陶和打制石器的遗存，珠江三角洲一带也有新石器时代较早的遗存，南海西樵山包含了旧石器时代晚期和新石器时代早晚不同时期的遗存，打制、琢制石器大量存在。马坝、石峡发现的稍晚遗存，特征明显，有阶段性变化。工具中有肩有段的锛、镢、铲等自成系列，陶器组合上，盘形鼎、带盖豆、平底圈足或平底三足盘等都很有特

● 图 64 陶壶

● 图 65 陶釜

● 图 66 带盖白陶鼎

色,并且自成系列(图 64—70)。在石峡还能见到晚至商周时代的遗存,是以印纹硬陶为特征与釉陶或原始瓷及青铜器共生,可与江西清江吴城类型遗址直接联系起来。汕头地区则有比较集中、比较发达的相当于商周的古文化遗存。可知,石峡所在的韶关地区,像是位于南岭山脉中间可以透视南北的一个窗口,沟通南北的一个门户,还为我们探索中国古代与中南半岛甚至南太平洋地区关系问题找到一把钥匙,真是"石峡虽小,关系甚大"。不过,这时在广东省内的不同地区间又有较大差异,在石峡中、上文化层以及附近曲江境内几处同类遗址(龙归葡萄山、周田月岭、马坝省屋山等)均出有原始型石戈(无栏)和靴式青铜钺(只在石峡一处发现);汕头地区饶

四、"条块"说 | 83

● 图 67 豆扣三足盘

● 图 68 豆

● 图 69 盘形鼎

● 图 70 圈足盘

平则出有与中原商代铜戈颇为相似的石（或玉）戈，还出过近似原始型的铜戈；在梅县、惠阳出的石戈形制相当特殊；至于西江流域几座墓葬中的青铜兵器，主要是一种带有地方色彩的矛。值得注意的是，在珠江三角洲地区，迄今还没有发现早到战国以前的青铜器。这说明岭南的各个地区与中原地区在差不多时期内，曾经历过相似的青铜时代的早晚几个阶段，同时在几个大的地区之间，这一时期的文化发展又是相当复杂的。它和中国其他古文化发达地区之间又是紧密相连、息息相通的。岭南有自己的青铜文化，有自己的"夏商周",只用砂陶、软陶、硬陶来划分阶段是过于简单化了。只有这样,我们才能理解,距今 2000 多年秦在岭南设郡的背景,其性质与秦并六国相同,是在其他条件业已具备的情况下实现了政治上的统一,才能理解华南与包括南海诸岛在内广大东南亚地区的历史文化关系。所以"岭南考古"是又一个大题目。

区间关系

20 世纪 70 年代后期区系类型观点形成后,六个区系间的关系问题逐步提上日程。

早在 60 年代发表的《关于仰韶文化的若干问题》一文中,就曾探讨过中原地区仰韶文化与东南沿海地区和江汉地区新石器文化的关系,指出中原地区仰韶文化与东南邻境诸原始文化的相互关系,表现为前期不很密切,后期则东部地区的人们对中原地区的人们发

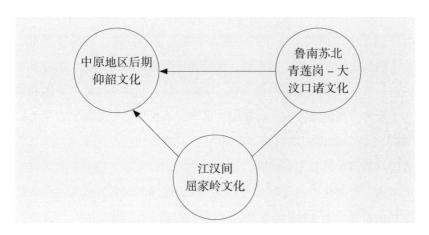

● 图 71 中原、东南沿海、江汉文化区联系主导活动方向图解

生了较大影响,并由此表现出仰韶文化后期中心分布范围内东部与西部发展不平衡现象(图71)。突出的表现是这一时期中原所发现的鼎、豆、壶组合显然是受东边影响下产生的东西。它们不仅已占有相当比重,而且具有极其相似的型式变化序列,从而大大缩小了两者在文化面貌上的差异,使以源于华山之下的一方,与源于泰山之下和长江下游的为另一方的诸原始文化,向建立起密切的联系的方向前进了一大步。70年代以来在河南境内不断有属于大汶口文化或带有浓厚大汶口文化因素的遗存发现,进一步证明了这一点。

在区系类型观点形成过程中,随着各大区系内涵、范围的确定,区内外文化之间表现出错综复杂的关系。探索区间关系自然被突出出来,"环渤海考古"的提出和对中原与北方关系的多次论证,可以说明这一点。

渤海即古人所谓"海",犹如"河"即今之黄河。"环渤海"既指辽河、滦河、大小凌河、海河、黄河等所注入之海,又指中国辽东、胶东和朝鲜三半岛甚至包括日本列岛在内的广大海域及其腹地。它的自然地理、人文、历史、文化地位,既可统属在广义的中国北方,又可统属于中国面向太平洋的(环太平洋)重心位置,它是打开东北亚(包括中国大东北)的钥匙,又是连接东南沿海的龙头。渤海是中国海,有如欧洲人视地中海为自己的海一样。如果从这样的范围和概念来理解"环渤海考古"的提出,那么,不仅辽东半岛和胶东半岛的"胶东考古"和面向渤海的"青州考古",以及从辽西走廊到京津、冀、鲁的沿渤海地区要包括在内,而且广义的北方考古、整个东南沿海地区考古、晋文化考古等都与之有关,从而使环渤海考古成为一个带动全局的课题。自1986年正式倡议这一课题以来,继在山东烟台、长岛、临淄之后,在辽宁大连、河北石家庄召开的第三、四次环渤海考古会上又取得的成果就很能说明这一点。大连会除继续探讨与胶东半岛的关系外，认识到辽东半岛南端的旅大地区是一个文化交汇点，环渤海考古应置于东亚、东北亚以至环太平洋这样一个更为广阔的学术背景下，用区系观点探讨有关诸文化区间的关系。石家庄会则进一步从环渤海考古提出"世界的中国考古学"的新课题。

关于中原与北方的关系，随着70年代和80年代初对以中原古文化为主体的发展道路、以辽西地区古文化为主体的北方古文化发展道路，和连接两者的中间环节的太行山东西两侧冀晋两省的工作，看到从距今六七千年至三四千年间它们各自的序列、相应明确的阶段及不同文化阶段面貌特征、各自社会文化发展道路。这就为深入探索辽西古文化与中原古文化两者相互关系、相互作用，以及它们自身所处的特定地位、所起的特定作用，提供了必要条件。对河北张家口地区桑干河上游蔚县西合营古文化用"三岔口"这一概念形象地概括它的特征性质，所指的是，源于陕西华山脚下的成熟阶段的庙底沟类型两种特征因素——双唇小口尖底瓶和玫瑰花图案彩陶，在这里延续到它的后期阶段中止了，其平面分布的东北向范围也到此为止；源于辽西（老哈河与大凌河流域）的"红山文化-夏家店下层文化"的特征因素：鳞纹图案彩陶和彩绘罾、鬲类陶器等，从东北向西南，经过冀西北部，延伸到太行山脚下的拒马河、滹沱河流域（石家庄一带）；源于河套一带的蛋形瓮、三足蛋形瓮等，自西向东分布延伸，也大致到此为止。这给我们的重要启示是，辽西地区的"北方古文化"不能认为是或仅仅是"中原古文化"衍生的一个支系或地方变体，我们绝不可低估辽西地区、河套地区"北方古文化"在我"中华古文化"形成发展中所曾起过的作用。与此同时提出的"晋文化考古"课题，把晋文化视为既是中原古文化的组成部分,又是北方古文化的组成部分,更是中原与北方两大文化区系间的重要纽带。从而对晋文化有了一个全新的认识。

此外,广大东南沿海地区以山东为中心的东方、以太湖流域为中心的东南部和中原地区之间,以苏鲁豫皖四省邻境地区为纽带之一;华南地区与周围地区以印纹陶等文化因素的传布为线索,其间的相互交流、相互渗透、吸收与反馈十分频繁,文化面貌你中有我,我中有你,这种文化交流趋势随着时间推移而加速。进入春秋时期以后,大致在包括江、淮、河、汉四大水系范围内,列国在文化面貌上的接近,从考古学文化角度观察,已达到空前的程度,民族文化的融合已突破原来六大区系的分野,这就为战国时期的兼并和秦的最终统一做好了准备。所有这一过程,都不是由中原向四周辐射的形势,而是各大文化区系在大致同步发展的前提下,不断组合与重组,形成在六大区系范围内涵盖为大致平衡又不平衡的多元一体的格局。

至此,我们对中华大地上古文化的认识,可以引用《庄子·养生主》中"庖丁解牛"的故事作比喻,如果说,中国考古学家花了半个世纪的时间悟出了一条真理的话,那就是从以前看到的"皆牛也",到经过全国同行的努力,已悟出了"无全牛"的道理。有了这一认识,庖丁们都有了用武之地,全国考古工作者在各自所在地区和岗位上,共同为区系类型理论在实践中不断发展做出贡献,从而达到得心应手、"游刃有余"的境界。经过这一重新认识了的"区系的中国",既已建起了中国考古文化发展的结构体系,更是以阐明13亿人口、56个民族是如何凝聚到一起的基础结构为最终目的的。当然,这也必然为进一步探索中华文明的起源打下了一个坚实的基础,以解开中国古代文明是如何从星星之火成为燎原之势,从涓涓细流汇成长江大河的这一千古之谜。

五、满天星斗

用考古学文化区系类型学说对中国古文化进行重新认识,大大开阔了考古学家观察古代各族人民在中华辽阔国土上创造历史的视野。开始了从文化渊源、特征、发展道路的异同等方面进行考古学区系类型的深入探索,过去那种过分夸大中原古文化、贬低周边古文化的偏差开始得到纠正,这就为中华文明起源研究的突破,开拓了新的思路。

通常说,中国同巴比伦、埃及和印度一样,是具有五千年历史的文明古国。但是按照历史编年,中国实际上只有商周以后四千年文明史的考古证明,司马迁《史记·五帝本纪》所记载的商代以前的历史,由于缺乏确切的考古资料,始终是个传说。而其他文明古国早在19世纪到20世纪初,就有了距今5000年前后的文字、城郭、金属等考古发现。从考古学角度看,中华文明史比人家少了一千年。

中国历史自公元前841年起,有文字记载的编年史就没有断过,这在人类历史上是独一无二的。距今3000多年的商代文明就是无与伦比的,特别是发达的冶炼青铜技术,其质地、形状、花纹,堪称上古文明世界最突出的成就。然而,如果说这就是中华文明的诞生,未免有点像传说中的老子,生下来就有白胡子,叫人难以置信。所以,有些人认为,中国的文明是西来的,是近东两河流域成熟了的文明的再现与发展。可是考证结果却与这一论点大相径庭：中国商代青铜器铸造用的是复合陶范（模子），与西方文明古国（包括印度）采用的失蜡法，完全是不同的传统。而且商周文化还有个独有特点，即殷代玉石雕刻，是别个所没有的。可见，灿烂的中华文明具有自己的个性、风格和特征，迫切需要找到自己的渊源和更早的考古证据。

应该说，早在20世纪30年代随着仰韶文化和龙山文化的发现，追溯中国文化源头的同时，中国文明起源问题也已被尖锐地提了出来。半个多世纪过去了，从殷商晚期往上追溯，已取得可喜成绩，但夏文化是什么样子，还有待进一步探索，依靠再找到甲骨文一类说话，以为找到夏和先商遗存就是文明源头的思想还在作怪，就是从中国新石器时代文化中去寻找，或是像以龙山文化遗存中的版筑城堡，或是以像仰韶文化遗存中陶器上的刻画符号，大汶口文化遗存中陶器刻画"文字"等迹象为依据，试图论证中国文明起源可以早到距今5000年，甚至距今6000年，实践证明，这些努力似乎都不能真正缩短起步点与目标之间的距离。于是，传诵两千多年的"五千年文明古国"的庄严形象，仍然只能用虚幻的传说代替，或者干脆用"仰韶文化、龙山文化"把商以前一千多年填充起来，凑够五千年整数，或者进一步引申为"夷夏东西说"，把考古新材料与古史传说都派上用场，"五千年文明"落到真假参半。科学要求实事求是，亿万人心中不能不提出疑问：中国五千年文明的证据在哪里？

其实，在区系类型学说从酝酿到形成过程中，都已涉及各区系考古文化的社会发展阶段问题。60年代的《关于仰韶文化的若干问题》一文中，通过对仰韶文化后期和同时期东南地区古文化在陶器、工具制作技术提高带来的社会分工，埋葬方式上对氏族作为基本单位的制度遭到的破坏,以及彩陶图案由写实逼真到图案化、简化和分解、消失所反映的意识形态的变革等方面,分析出仰韶文化后期原始氏族公社制已开始了从量变到质变的革命性飞跃。70年代印象比较深的是对广东曲江石峡墓地的分析。该墓地那些朱砂铺地,分别随葬石钺、玉琮、陶质礼器和大小系列配套工具的墓葬,显然是属于军事首领、祭司和工匠的墓,说明社会分工引起的社会分化已经形成,"士""庶"之分已经确立,氏族制度已遭破坏,已进入文明发展的历程。

1985年在北京大学召开的中国考古学会第五次年会,以"城市考古"为主题,我在会议的讲话中提醒与会者注意中国近年在人口

● 图72 陶寺墓地发掘现场

● 图 73 刻文陶尊

　　刻"日火山"铭文的陶尊,在大汶口文化中多次出土,是一种特殊祭器,也是山东地区文明的象征

密集地区不断发现的,大约相当距今5000—4000年前后的重要遗迹遗物:山西襄汾陶寺(图72);河南登封王城岗(夯土城墙虽小,但墙外还有不小范围的遗址);河南淮阳平粮台;山东莒县陵阳河出带刻文陶器(图73),地点所在正是在最高发展阶段蛋壳陶、成组玉器集中范围内;山东寿光、益都间"边线王"城堡遗址也属同类遗存集中范围内;太湖流域良渚文化遗址普遍存在的如上海福泉山、武进(常州市)寺墩等以玉琮(图74)、玉璧为主的成组玉器墓,据发掘工作者介绍,墓坑都在人工堆成的土丘上(我们似乎不妨称之为"土筑金字塔");辽宁朝阳喀左东山嘴的红山文化后期的祭坛(出无头孕妇塑像、

● 图 74 玉琮

五、满天星斗 | 93

● 图 75 东山嘴祭坛

● 图 76 双龙首玉璜和松石鸮形饰

● 图 77 玉龟

● 图 78 无头孕妇陶塑像

● 图 79 女神庙全景

● 图 80 积石冢群（南—北）

● 图 81 女神庙鸟瞰

● 图 82 老虎山城址

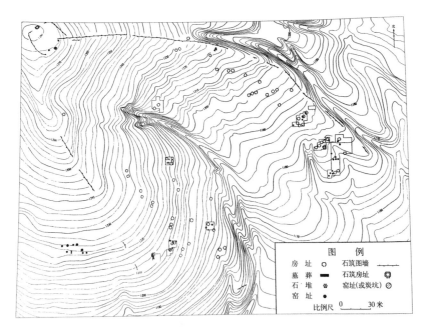

● 图83 老虎山遗址遗迹分布图

图79—81、84—87： 红山文化坛庙冢——5000年前古国象征，是仰韶文化与红山文化后期相遇迸发的文明火花。

玉龙璜、小玉鸮鸟、玉龟等及成组石砌方形、圆形祭坛）（图75—78）；建平、凌源间同一时期的女神庙和山头上积石冢（图79—81），结合以上三者中间地带曾发现过六处商周间的窖藏青铜礼器坑，总范围直径约30公里；内蒙古乌兰察布凉城老虎山石砌古城（只有鄂而无鬲阶段）（图82、图83）等等。这些遗迹遗物的时代不限于夏商，分布地域不限于中原，而是北至长城地带，南至长江以南的水乡，东至黄海之滨，西至秦晋黄土高原。它们都含有我们从商周古城——都市遗址中已知诸多相似因素所提供的线索，正为我们展示

五、满天星斗 | 97

着广阔前景。它预示,一场关于中国文明起源问题的大讨论已有"山雨欲来风满楼"之势,大家要有思想准备。当时会上已传出辽西红山文化考古新发现的消息。时隔一年,新华社就以"中华五千年文明曙光"为题,突出报道了辽西地区这一重大考古新发现。

1979年5月,辽宁开展全省文物普查试点,在西部大凌河流域的喀喇沁左翼蒙古族自治县东山嘴村发现了一处原始社会末期的大型石砌祭坛遗址。这一发现,启发考古人员在邻近地方寻找其他有关遗迹。几年以后,果然在相距几十公里的建平、凌源两县交界处的牛河梁,相继发现了一座女神庙,多处积石冢群,以及一座类似城堡的方形广场的石砌围墙遗址,发现了一个如真人一般大的彩色女神头塑以及大小不等、年龄不同的成批女性裸体泥塑残块和多种动物形玉、石雕刻,特别是几种形体不同的玉雕龙。这些考古发现已远远不是原始氏族制度所能涵盖解释的内容,已有突破氏族制度的新概念出现,说明中国早在5000年前,已经产生了植根于公社,

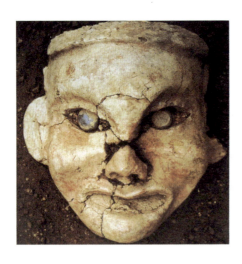

● 图84 女神头像,她"是红山人的女祖,也就是中华民族的'共祖'"

● 图 85 带盖彩陶罍

● 图 86 牛河梁全景（由女神庙南眺）

又凌驾于公社之上的高一级的社会组织形式，这一发现把中华文明史提前了一千年（图 84—87）。

辽西考古这项新发现之所以特别引起海内外专家学者以及亿万华人的关注，原因是多方面的。第一，它们明确无误地属于一向认

五、满天星斗 | 99

● 图 87 赤峰红山

为是新石器时代,大致和中原仰韶文化相对应的一种分布在燕山南北、长城地带的红山文化遗存,而在仰韶文化大量遗址中还从未发现过类似的遗迹。第二,从喀左到凌源,横跨几十公里范围内,除这类特征鲜明的遗迹以外,极少同一时期一般聚落或墓地,例如,已揭露的几处所谓"积石冢",确切地说是建在特地选择的岗丘上,主要用作埋葬一些特殊人物,可能同时是进行某种祭祀活动的场所,它们普遍保留下来的与东山嘴那处祭坛颇相近似的遗迹遗物便是明证。第三,红山文化"坛庙冢"所出多姿多彩的玉雕龙有猪龙也有熊龙,具有很高的工艺和艺术水平,这在它之前千余年前赵宝沟-小山类型文化中已有长期发展历史,并已出现达到神化境界的陶器刻画麟(麒麟)与龙在云端遨游的图案(图 88)。甲骨文中龙字的多种形态以及殷墟妇好墓出的玉雕龙,可以大致追溯到距今 5000—

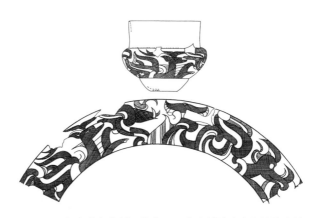

● 图88 赵宝沟文化刻画猪龙、凤鸟和麒麟（鹿）纹的陶尊

3000年的龙形变化过程。就是燕下都出土的大量"饕餮纹"瓦当，也应来自燕山南北的古老传统。第四，在同一范围内发现的六处商周之际的大型青铜礼器坑，按东北—西南方向连成一线，达几十公里，这又进一步说明该范围内至少在两三千年间曾作为原始宗教性的社会活动场所，女神庙近旁发现的冶铜线索同样说明这一地段的特殊性。第五，女神庙塑像称为"神"可以，但她们是按真人塑造的，是有名有姓的具体人物，所以我曾说过，她"是红山人的女祖，也就是中华民族的'共祖'"。

由此可见，远自距今8000年以来的查海、兴隆洼-赵宝沟类型到距今约2000年的燕下都，上下五千年，在燕山南北地区，由于一个"凌源-建平-喀左"小三角的新发现，使我们不能不刮目相看，它涉及中国历史上两大课题：中国五千年文明连绵不断的奥秘和轨迹以及中国统一多民族国家是如何形成的。意义重大，不可不认真对待，要花大力气，搞个水落石出。如果把这项工作比作一头牛，我们现已掌握的材料仅有如牵住牛鼻子，最多不过是看到牛的头部，

● 图89 大地湾遗址房址 F901

整个牛身还在后边。全牛的形体大致包括从辽西走廊的医巫闾山以西至七老图山以东,中间是努鲁儿虎山,"凌源 – 建平 – 喀左"三县交界的小三角位置正在它的南端,向北放射呈扇面形。地理范围:东侧是大凌河流域的阜新、朝阳两市,西侧是老哈河流域的赤峰市。这一地区已有红山文化大遗址线索。如果说"小金三角"的"坛庙冢"的发现可称作文明曙光,谜底的揭露已为期不远了。

就在辽西地区红山文化"坛庙冢"的考古新发现的报道后不久,几乎各大考古文化区系都提出了文明起源的新线索和研究新成果。甘肃秦安大地湾"类似坞壁"中心"殿堂式"大房子遗迹面积超过100平方米,已是布局比较讲究的"前堂后室"结构,房内出土的都是非日常生活用的特异型陶器(图89—91),是与红山文化"坛庙冢"时间相近、规格相似的聚落遗迹。甘肃兰州永登一处几十万平方米

● 图 90 大地湾遗址全景

● 图 91 房址 F901 出土特异型陶器

图 89—91： 大地湾遗址约 1 平方公里，临河靠山，两侧以沟为天堑，是距今 5000 年有天然屏障的"坞壁"，中心大房子面积超过 100 平方米，前堂后室，有左右侧室，已具早期宫殿性质，是与红山文化坛庙冢时间相近、规格相似的聚落中心。

的大遗址和大墓群出成系列的"长彩陶鼓"（图92）；内蒙古包头堰上遗址出石砌"祭坛"，二者年代大约均属距今四五千年间，与之年代相近的是山西襄汾陶寺遗址出"磬和鼓"的大墓（图93、图94），它们同样都是探索中国文明起源问题的重要线索。

华县泉护村遗址南部太平庄高地单独存在的一座成年女性墓，随葬黑光陶大鹗鼎表示墓主的特殊身份，是中原地区仰韶文化可与红山文化坛庙冢遥相呼应的现象。

中华五千年文明曙光的提出，还推动了对仰韶文化、大汶口文

五、满天星斗 | 103

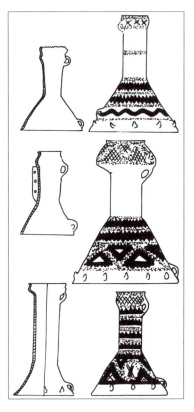

● 图 92 永登陶鼓

化和良渚文化的再认识。1984年在太湖流域会上提出，良渚文化在中国古代文明史上，是个熠熠发光的社会实体，上海发掘了福泉山良渚文化墓地，出土大量精致陶器和玉器，这些器物都不是寻常生活用具，但尤为重要的是它的如同丘陵的高台墓地，联系到远比它更早的辽西地区新发现的属红山文化后期营建在山顶上成排的所谓"积石冢"，自秦汉以来用"山陵"一词称呼帝王冢墓，渊源甚古。1987年我在给山东省文物局负责人的一封信中提出，距今五六千年间是社会发展出现"个性化"突出的历史阶

● 图 93 陶寺石磬

104 | 中国文明起源新探

● 图94 陶寺鼍鼓木质鼓腔

段,又是各区系间交流最重要时期,苏北与大汶口看到的一些彩陶正与河南、晋南看到的一些大汶口文化因素互相对应,在山东省境内几个区系间同样有些类似现象,这已是金属文明萌发阶段。而且,山东地区的文明曙光,绝不会只有一颗星,象牙筒、"日火山"刻文、鬶、盉、觚、杯的出现,都应看作文明的标志,而不仅仅是文化、生活日用品等一般性器物,蛋壳黑陶,也不只是文化特征物,也应看作文明的象征。仰韶文化可与红山文化"坛庙冢"遥相呼应的虽然只有华县泉护村遗址一座墓中随葬的黑光陶大鸮尊(或鼎)(图95),但已认识到小口尖底瓶未必都是汲水器,它与一些彩陶都应具"神器"性质,为神职人员所专用,社会已产生了脑力与体力劳动的分工。就是岭南地区,前述距今四五千年的石峡文化,以属于军事首领、祭司和工匠的墓葬出现为标志,氏族制度在瓦解。不过这三类人出现有一过程,不是齐步走,是有先有后的,具有锛、斧、镞等成套木工工具的墓出现较早,说明百工、工匠是最先分化出来的。

● 图95 鸮鼎

"阶级起源于分工",文明起源应从社会分工说起(图96—101)。

一时,中华大地文明火花,真如满天星斗,星星之火已成燎原之势。尤其是,已可从几处典型地点归纳出文明起源的三种形式。

头一种文明起源的形式是裂变。举中原古文化为例,仰韶文化的前期阶段,在距今6000年前后,统一的仰韶文化裂变为半坡、庙底沟两种类型。在此以前的距今六七千年间,以姜寨遗址前期为代表,两种小口尖底瓶由发展到成熟,共生同步发展,村落布局完整,三块墓地都在村外,男女有别,长幼有序,不到成年不能成为社会成员,只有成年男女才能埋在氏族墓地,这是母系氏族社会结构的典型标本(图102)。到了距今6000年左右有突变,典型遗址是元君庙,小口尖底瓶相当于姜寨结尾阶段,即由成熟的瓶口退化到浅盘口沿,这一阶段姜寨遗址的墓地也由村外转移到中心广场,墓地下

● 图96 有段石锛　　● 图98 石铲　　● 图99 石钺

● 图97 石镬

● 图100 石琮

图96—101：曲江石峡文化后期，以专用兵器（钺）、特殊用途器物（琮）和外来形制陶器（贯耳壶）殉葬，说明社会分化已更进一步。

● 图101 石臂环

● 图 102 姜寨第一期文化原始村落复原图

层尚保持单人葬传统，但已不如村外墓地整齐，上层压有男女老幼合葬墓，这就突破了原来氏族制男女有别、长幼有序的界限，小孩与成年人埋在一起，没有了辈分的差别，甚至没有了氏族成员与非成员的界限，这违背了氏族公社的基本原则，已是突破血缘关系的氏族分裂。原始公社制的破坏就已意味着文明因素的产生。统一的仰韶文化分为两种类型就是在这一转折时期出现的。这个一分为二，就是出现了以庙底沟类型为代表的新生事物，标志是出现玫瑰花图案的彩陶和双唇小口尖底瓶。这种瓶就是甲骨文中"酉"字下加一横，也就是"奠"字，表示一种祭奠仪式，所以它不是一般生活用具，而具有礼器性质。彩陶也一样，庙底沟类型的分布中心在关中，其典型材料在华县，即玫瑰花图案由完整到松散，瓶由成熟到双唇不起双唇作用，这一演变序列代表了仰韶文化后期的基本特征和基本规律。这个类型尚缺乏完整的遗址和墓地材料，但泉护村遗址南部太平庄那座出大型鸮鼎的成年女性墓，孤立于其他墓之外，单独埋在遗址聚落南部高地，表现了墓主人的特殊身份，其年代相当于庙底沟类型的末尾。同样，半坡遗址墓地的尾，有一座小孩墓，埋葬有特殊待遇，小孩本无氏族成员地位，所以这不是他自己地位特殊，而是他母亲的社会地位特殊，这是对氏族社会的进一步冲击。前一个是庙底沟类型的，后一个是半坡类型的，两种现象恰恰在同时发生，它的背景在1965年写《关于仰韶文化的若干问题》时，曾提到两种类型是经济类型的不同，现在不妨说，这种区别就意味着第一次社会大分工。在这种社会经济背景下裂变产生新事物，是有生命力的。半坡和庙底沟两个类型虽可并立，但半坡类型对周围的影响远远比不上庙底沟类型。所谓仰韶文化对周围的影响，基本上就是庙底沟类型的影响，是仰韶文化后期裂变而产生的文明火花。裂变的又一例是辽西古文化中"前红山文化"与红山文化前期之间发生的裂变与发展，前者以阜新查海遗址下层为代表，后者以赵宝沟、小山等遗址和阜新查海上层为代表。赵宝沟与小山遗址出土的迄今所知最早的猪头"龙"与鹿头"麟"刻画神兽图案，是有更多附加值的宗教信念的祭器，反映了社会发展的新阶段（图103）。

第二种文明起源的形式是撞击。以仰韶文化与红山文化的关系最具典型性。在距今五六千年间，源于关中盆地的仰韶文化的一个支系，即以成熟型玫瑰花图案彩陶盆为主要特征的庙底沟类型，与源于辽西走廊遍及燕山以北西辽河和大凌河流域的红山文化的一个支系，即以龙形（包括鳞纹）图案彩陶和压印纹陶的瓮罐为主要特征的红山后类型，这两个出自母体文化，而比其他支系有更强生命力的优生支系，一南一北各自向外延伸到更广、更远的扩散面。它

● 图 103 赵宝沟文化刻画龙纹陶尊

们终于在河北省的西北部相遇,然后在辽西大凌河上游重合,产生了以龙纹与花结合的图案彩陶为主要特征的新的文化群体(图 104、图 105),红山文化坛、庙、冢就是它们相遇后迸发出的"火花"所导致的社会文化飞跃发展的迹象。这是两种不同经济类型和不同文化传统组合而成的文化群体。这个群体的活动中心范围既不在北方草原的牧区,更远离农业占绝对优势的关中盆地,而在燕山以北,大凌河与老哈河上游宜农宜牧的交错地带。这里自然条件的优势,大概正如古文献关于九州第一州冀州记载的所谓"厥赋惟上上错,厥田惟中中",就是说,重要的不是土质肥沃,而是多种经济互相补充造成的繁荣昌盛,才得以发出照亮中华大地的第一道文明曙光。

第三种形式是融合,例证有二。一就是河曲地区发现早于 5000 年的小口尖底瓶与晚于 5000 年的袋足器在这里衔接,出现了最初形式的斝和瓮,即最早的袋足器也是北方与中原两个不同文化传统融合的产物。甲骨文中有两个容器形象,一是"酉",一是"丙","酉"

● 图104 龙鳞纹（中）、花卉纹（下）、几何纹（上）结合的红山文化彩陶罐

● 图105 胡头沟红山文化"花与龙"一体的彩陶筒形器

字如前所说，就是尖底瓶演变到最后形式的象形字（▽），单唇、宽肩、亚腰。"丙"字是三个瓶结合在一起，形象正是袋足器刚刚出现的形象（⌘）。"酉"和"丙"都不是一般的用字，而是"干支"组成部分，"干支"是除了生产劳动的社会分化以外更高一级的专业化的产物，所以，这不仅说明，甲骨文这两个字的起源可追溯到5000年前，而且尖底瓶（或称"酉瓶"）和鬲（斝）也都不只是生活用品，而可能同祭祀的神器有关。所以是文化融合产生的文明火花。再一个例子是晋南陶寺，时间在距今四五千年间，特点是大墓有成套陶礼器与成套乐器殉葬，其主要文化因素如彩绘龙纹、三袋足器与燕山以北和河曲地带有关，也有大汶口文化的背壶、良渚文化的俎刀，是多种文化融合产生的又一文明火花（图106—110）。

以上三种文明起源形式的典型地点大都在中原和北方，大都与中原和北方古文化的结合有关。所涉及的范围是从关中西部起，由

五、满天星斗 | 111

● 图 106 彩绘龙纹陶盘

● 图 107 彩绘陶壶

● 图 108 特异型陶器

● 图 109 同木俎配套的俎刀

图 106—109：陶寺大墓殉葬成套庙堂礼乐器、漆木器，反映了比红山文化更高一级的国家形态。圆腹底斝、鬲原型可追溯到内蒙古中南和冀西北，彩绘龙纹与红山文化有关，扁陶壶序列的近亲只能到山东大汶口文化寻找，俎刀更要到远方的浙北杭嘉湖去攀亲。

● 图110 陶寺大墓 M2001

渭河入黄河，经汾水通过山西全境，在晋北向西与内蒙古河曲地区连接，向东北经桑干河与冀西北，再向东北与辽西老哈河、大凌河流域连接，形成"Y"字形文化带。1985年在山西侯马"晋文化"讨论会上我的讲话中有一首七言诗，可以作为以上文化现象的总概括：

华山玫瑰燕山龙，
大青山下斝与瓮。
汾河湾旁磬和鼓，
夏商周及晋文公。

五、满天星斗 | 113

诗和讲话的落脚点虽是晋文化的渊源，核心部分却正是从中原到北方再折返到中原这样一条文化连接带，它在中国文化史上曾是一个最活跃的民族大熔炉，距今六千年到四五千年间中华大地如满天星斗的诸文明火花，这里是升起最早也是最光亮的地带，所以，它也是中国文化总根系中一个最重要的直根系。

关于这个直根系，我们还可以做进一步阐述。我在《关于仰韶文化的若干问题》一文中曾提出，仰韶文化庙底沟类型的分布中心在华山附近，这正和传说中的华族的发生及其最初的形成阶段的活动和分布情形相像，所以仰韶文化庙底沟类型，可能就是形成华族核心的人们的遗存，庙底沟类型主要特征的花卉图案彩陶可能就是形成华族得名的由来，华山则可能由于华族最初所居之地而得名。花本来是自然界常见的，现在把自然的花赋予了特殊社会概念。"华"是尊称，选择玫瑰花作象征，以区别于其他族群，是高人一等的，这是以社会发展较快为背景的。我在《华人·龙的传人·中国人——考古寻根记》一文中，进一步提出，以玫瑰花图案彩陶为主要特征因素的仰韶文化庙底沟类型，与以龙鳞纹图案彩陶为主要特征因素的红山文化，这两个不同文化传统的共同体的南北结合是花（华）与龙的结合。从中原区系的酉瓶和河曲地区的三袋足斝的又一次南北不同文化传统共同体的结合所留下的中国文字初创时期的物证，到陶寺遗址所具有的从燕山北侧到长江以南广大地域的综合体性质，表现出晋南是"帝王所都曰中，故曰中国"的地位，使我们联想到今天自称华人、龙的传人和中国人。中华民族传统光芒所披之广、延续之长，都可追溯到文明初现的5000年前后。正是由于这个直根系在中华民族总根系中的重要地位，所以，90年代我们对中国文明起源的系统完整的论证也是以这一地带为主要依据提出的。

六、三部曲与三模式

1994年初,我应"海峡两岸考古学与历史学学术交流研讨会"邀请所写的《国家的起源与民族文化传统》一文提纲中,提出中国国家起源问题可以概括为发展阶段的三部曲和发展模式的三类型[1]。发展阶段的三部曲:古国 - 方国 - 帝国。发展模式的三类型:原生型,北方地区的红山文化,夏家店下层文化,秦(6000年前、4000年前、2000年前);次生型,中原,以夏、商、周三代为中心,包括之前的尧、舜,其后的秦代,共五代,均以尧舜时代洪水为其祖先源头,从4000年前到2000年前,重叠、立体交叉为其特征;续生型,北方草原民族,于秦汉后入主中原的鲜卑、契丹以及满族建立的清朝三代为代表,同样是立体交叉形式,各自经历过三阶段模式的国家。三部曲和三模式是中国万年以来历史发展的总趋势,是关于中国文明起源和古代国家形成的一个系统完整概念,也是试对80年代以来关于中国文明起源讨论进行一次总结。这一观点的形成过程,如果从80年代初算起,不过10年,这反映了在考古学文化区系类型理论建立的基础上,对中国文明起源问题的认识在加快速

---

[1] 大约同时,在济南召开的中国考古学会第九次年会闭幕讲话上,文物出版社和光复书局合作出版的十卷本《中国考古文物之美》序言中,以及内蒙古自治区文物考古研究所建所40周年纪念文章中,都着重阐述了这一观点。

度，同时，讨论的重点早已不再局限对于诸文明要素，如文字的出现、金属的发明、城市的形成等概念的理解和具体讨论，而是更注重理论上的建树。

关于古国时代，可以从"古文化古城古国"的提出谈起。

古文化、古城、古国这三个概念，分开来看不是新课题。它们的提出可以追溯到1975年，当时我提出应当把"古城古国"当作文物保护重点的原则[1]。提出这样的原则是因为我从多年实际工作看，古城址往往埋藏很浅，高平低垫，很容易就被破坏，一重要，二难保护。当时这一提法主要指历史时期的大遗址（古城址），现在看来，应该把史前时期的大遗址也作为重点，即把古城古国与古文化联系起来。那么，古文化古城古国的特定含义是什么呢？

古文化指原始文化；古城指城乡最初分化意义上的城和镇，而不必专指特定含义的城市；古国指高于部落之上的、稳定的、独立的政治实体。三者从逻辑的、历史的、发展的关系联系起来理解的新概念是，与社会分工、社会关系分化相应的，区别于一般村落的中心遗址、墓地，在原始社会后期、距今四五千年间或五千年前的若干个地点都已涌现出来，所以应该把原始文化（或史前文化）和中国古城古国联系起来的那一部分大的中心聚落加以突出，作为考古发掘研究和保护的重点。可见，古文化古城古国的提法是把考古学文化区系类型理论转化为实践的中心环节。

古文化古城古国最先是从辽西地区的工作提出来的。地处渤海湾西岸，包括京津地区在内的这片燕山南北地带，即考古学文化区

---

[1] 1975年国家文物局在承德召开北方七省文物工作会议时，文物处负责人陈滋德同志同我谈今后文物保护还要贯彻"两重两利"方针，问我"两重"的重点是什么，我当时回答："古城古国。"

系中的辽西古文化区,在《禹贡》九州的记载里,属九州之首的冀州范围。这一地区源于大凌河流域的红山文化前身曾有两个支系,其一是产生"之"字纹压印纹筒形罐的母体查海类型(图111),其二是产生"篦纹"压印纹筒形罐的母体兴隆洼类型。二者曾经先后两次发生聚变,产生两个新的支系:其一是以包含刻画麟(麒麟)和龙纹罐为突出特征的赵宝沟文化,主要分布于老哈河与大凌河之间的教来河和孟克河流域;其二是以包含鳞纹彩陶

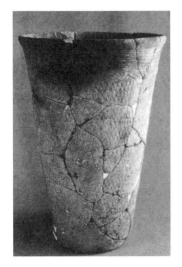

● 图111 查海遗址"之"字纹筒形罐

● 图112 蜘蛛山遗址红山文化龙鳞纹彩陶罐

● 图113 牛河梁红山文化简化玫瑰花图案彩陶器

罐为其突出特征的红山文化的一支，以老哈河流域为中心（图112）。红山文化的另一支则以大凌河流域为中心，以连续简化玫瑰花图案为主要特征（图113）。它们之间的共同特征，是"之"字纹筒形罐都包括了从无到有到消失的发展全过程，它们在技术工艺发展道路上走的是共同道路，与主要分布在西拉木伦河以北的富河文化以及辽东的新乐、后洼遗址的"之"字纹筒形罐有差别。这是不同区系间的差别，而前者诸类型之间也有差别，那是区系内不同类型间的差别，故可把辽西地区这四种文化类型统称为"红山诸文化"。

在史前时代，这里的社会发展曾居于领先地位。邻近的河北与山西两省之间已找到了万年以前的陶器。距今七八千年的阜新查海和赤峰地区兴隆洼遗址反映的社会发展已到了氏族向国家进化的转折点（图114、图115），所以文明起步超过万年。特别是查海、兴隆洼遗址都发现了选用真玉精制的玉器，它绝非氏族成员人人可以

● 图114 查海遗址地貌

● 图115 兴隆洼遗址全景

佩戴的一般饰物（图116、图117）。正是从这一时期起，玉被赋予社会意义、被人格化了。制玉成为特殊的生产部门，石制工具的专业化、制陶技术明显改进、彩陶开始出现等，都说明社会大分工已经开始形成，社会大分化已经开始。距今6000年的赵宝沟文化，以小山遗址那件刻有猪龙、凤鸟和以鹿为原型的麒麟图像的完整的黑陶尊为代表，充分说明社会分化已很明显。属于辽西古文

● 图 116 查海遗址玉玦出土情况

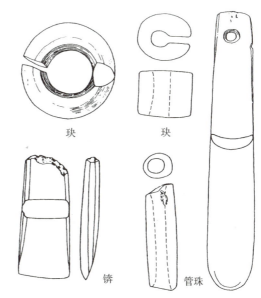

玦　　　玦

锛　　管珠

● 图 117
查海遗址出土玉器

图 116、117： 阜新查海遗址的玉器距今 8000 年左右，全是真玉（软玉），对玉料的鉴别已达到相当高的水平，玉器的社会功能已超越一般装饰品，附加上社会意识，成为统治者或上层人物"德"的象征。没有社会分工，生产不出玉器； 没有社会分化，也不需要礼器性的玉器，因此，辽西一带的社会分化早于中原。

● 图118 濮阳西水坡仰韶文化遗址堆塑龙虎形墓

化区范围的其他同时代的古文化中,如北京上宅、辽宁东沟后洼遗址也都发现了类似的反映社会分化的一些"艺术神器",而在中原,最早的"艺术神器"是河南濮阳西水坡的龙虎造型的蚌壳堆塑(图118),但它的年代约距今6000年,要比燕山南北地区晚一步。

燕山南北地区由氏族向国家的过渡所以较早,与这一地区的沙质土壤易于开发有很大关系,即是《禹贡》上所说的冀州"厥土曰白壤",不论红山文化还是赵宝沟文化,都大量使用一种适应沙壤开垦的大型石犁(或叫石耜)(图119)。这种桂叶形大石器只能用来开垦疏松的沙壤,开垦中原地区的那种较坚硬的黄土不行,开垦南方的红壤更不行,在南方我们所见到的农垦工具是类似现代的十字镐那种工具。北方的沙壤易开垦,所以社会发展较快、较早。但也许

● 图119 红山文化石犁

正是这一原因,这一带的地力也最先遭到破坏,水土流失早。大凌河有两条由北向南流的支流都叫牤牛河,意思是山洪下来其势如牤牛一样,就是这一地带水土流失的真实写照。所以到红山文化以后,农区衰退,文化中心也向南、向西转移。这里还要特别提一下与辽西古文化区相邻的燕山南北长城地带又一中心区系的内蒙古中南部。这里河曲地带的准格尔旗凉城附近的岱海周围,从距今6000—4000年开始,雨量充沛,水源充足,人口多,聚落分布密(图120),这里发现的属仰韶文化北支的窑洞式房址群,成排分布,形状、规格整齐划一,用白灰抹的居住地面和墙壁,极为平整而坚实,有如现代的水泥地面,加工技术要求高,没有长期训练是做不出来的,造房子成了专门知识和技术,房屋建筑专业化了,从农业中分化出一批建筑师,这是北方区系由社会分工导致社会分化的又一例证(图121—123)。并且引发了距今5000年以后原始的犁耜由这里最早发生,成为影响距今四五千年间从中原直至长江中下游地区又一次规模、幅度空前的大变化的风源所在。

六、三部曲与三模式 | 123

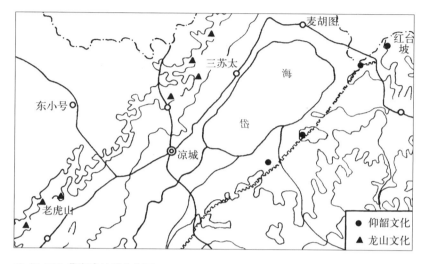

● 图120 岱海遗址群分布图

● 图121 窑洞房址内高级加工居住面

● 图 122 岱海岸窑洞式房址群

● 图 123 内蒙古园子沟遗址Ⅲ区窑洞式房址分布图

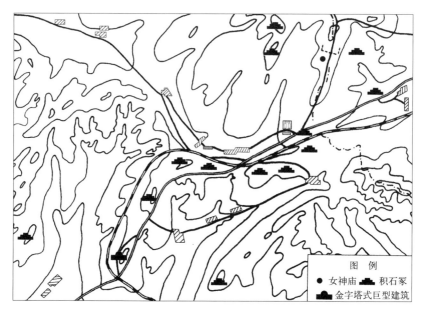

● 图 124 牛河梁红山文化坛庙冢遗址群

　　就是在这样一个地域广阔而又在发生剧烈社会变革的历史大背景下，红山文化在距今 5000 年以前，率先跨入古国阶段。以祭坛、女神庙、积石冢群和成批成套的玉质礼器为标志，出现了"早到 5000 年前的，反映原始公社氏族部落制的发展已达到产生基于公社又凌驾于公社之上的高一级的组织形式"，即早期城邦式的原始国家已经产生（图 124—128）。而与此同时代的中原地区，迄今还未发现能与红山文化坛、庙、冢和成批成套玉礼器（玉龙、玉龟、玉兽形器）相匹敌的文明遗迹。古文化、古城、古国这一历史过程在燕山南北地区比中原地区看得清楚得多，而且先行一步。就全国六大区系而言，社会发展总是不平衡的，是有快有慢，但相对于历史长河而

● 图 125 玉雕龙

● 图 126 玉雕龙

言，史前社会发展的步伐又是大体同步的。不迟于距今四五千年前大体都进入古国时代，即城邦、万国林立时代。所以，自 1985 年提出"古文化古城古国"的概念以后，各大文化区系纷纷立足于当地，探索每个文化区系内的古文化古城古国，并取得丰硕成果，从而把中国文明起源问题的讨论提高到一个新的水平。如：

● 图 127 金字塔式建筑的规模（直径近百米）

● 图 128 金字塔式巨型建筑远眺

六、三部曲与三模式 | 127

太湖流域在"马家浜－良渚－古吴越"文化序列建立的基础上，很快就提出了太湖流域的古文化古城古国问题。1977年我在良渚遗址考察时，曾以"古杭州"的概念提示浙江的同行们重视这处遗址的特殊地位，通过这十多年在良渚和环太湖地区的工作，似已显示出，太湖流域的古文化古城古国，已可以由良渚文化上溯到先良渚文化。

在"古文化古城古国"提出后不久召开的"晋文化考古"学术座谈会上，论证作为中原、北方和连接这两个地区纽带的山西古文化及"汾河湾旁磬和鼓"的陶寺"古城古国"与"夏商周与晋文化"的关系。

对四川成都十二桥大型建筑遗迹和广汉三星堆两个窖藏坑，也提出应从它可能是蜀中古文化古城古国的课题进行研究。三星堆是方国，四川的古国阶段可以从沿用至今的都江堰水利工程得到启发。这样巨大的工程，不会是李冰父子一次修建成功的，"深淘滩，低作

● 图129 都江堰石刻"深淘滩，低作堰"

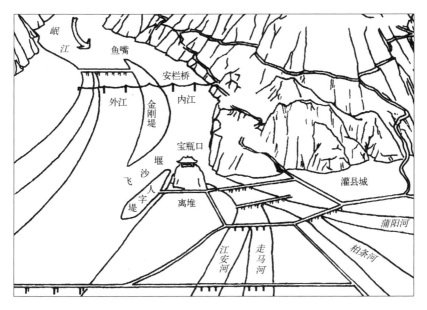

● 图130 都江堰示意图

堰"(图129、图130),这不是关中黄土地带的治水经验,而是四川人的经验,是土著文化。四川有自己的治水传统、治水时代,即古国时代。

考古工作起步较早的关中西端的宝鸡地区,那里的古文化是多种多样的,不同的古文化,就会产生不同的古城古国,陈仓、阳平、虢(西虢)都是古国。先商、先周都是与夏并立的国家,更确切地说,是诸多古国并立。就是齐、鲁、燕、晋以及若干小国,在周初分封前都各有自己的早期古国,南方的楚、蜀亦然,广东、广西的东江、西江都有这种古城古国的大遗址,包括中南半岛,南越的前身都是当地古国。最近在天津蓟县发现的距今5000年前后的古遗址,出土陶器的器型、纹饰都有自身特点,有的还规格较高,并为当地商周

六、三部曲与三模式 | 129

时期方国的铜器所吸收,这是天津地区古文化古城古国的重要线索,其中有的可能就同周武王封黄帝之后于蓟的"蓟"有关。

我们曾经解释周初封叔虞于唐的施政方针"启以夏政,疆以戎索",是周人对殷人文化传统有意的贬抑,对夏人文化传统则怀有认同的感情,而对于所谓戎人的旧俗,似采取容许、尊重的态度,这既迁就、承认了现实,又不失周人的身份和治国原则,指导思想还是推行周人的政制。现在不妨进一步说,周人对当时各地已存在的诸多古国及其标志是分辨得很具体准确的,周人分封,实际上就是采取了对这些古国都予以承认的态度和政策,这是周人建国的理论基础,也是周人高明之处。

总的来说,考古发现的具"大遗址"规格的遗址,就是古城古国所在,背景是人口密集,社会经济发达,社会已有分工。所以史载"夏有万邦""禹会诸侯于涂山,执玉帛者万国"是有据可依的。我们在最初提出考古学文化区系类型时,曾提到中国现行行政区划中的200多个省级以下的专区一级(现大部分已改为省辖市),以一个有相当规模的、有历史来源的中等城市为中心,它们在现实生活中所起作用的历史渊源,就是指相当于这些专区一级范围的考古文化区系是产生古城古国的基础。秦汉设郡大致都是以现专区一级范围的古文化古国为基础的。秦汉统一时,中国幅员内各地大都经历了从氏族到国家的历史过程,各地相差的幅度一般不超过500—1000年,但都可追溯到4000年、5000年、6000年前,甚至还可追溯到更早。总之,在距今5000年前后,在古文化得到系统发展的各地,古城、古国纷纷出现,中华大地社会发展普遍跨入古国阶段。

古国时代以后是方国时代,古代中国发展到方国阶段大约在距今4000年。与古国是原始的国家相比,方国已是比较成熟、发达、高级的国家,夏、商、周都是方国之君。这时期一是群雄逐鹿,一是从洪水到治水。夏未亡而商已成大国,商未亡而周已成大国,是夏、商、周并立的局面,商汤伐桀、武王伐纣都用的是同盟军,是小国联合对付大国,是方国与方国间的战争。治水更需要打破小国界限组织起来,夏、商、周祖先都有治水的记录。《史记·五帝本纪》前半没有洪水一说,后半可一分为二,尧舜时代有洪水,有治水,没有治水成功的记载,只有不成功的记载。夏禹治水成功了,从有洪水、治水不成功,到治水成功是个大转折。所以,方国时代是产生大国的时代。也为统一大帝国的出现做了准备。

不过,方国最早出现是在夏以前。江南地区的良渚文化,北方的夏家店下层文化是最典型的实例。

至迟开始于公元前第三千年中期的良渚文化,处于五帝时代的前后期之间,即"绝地天通"的颛顼时代。良渚文化发现的带有墓葬的祭坛和以琮为中心的玉礼器系统(图131—138),应是宗教已步

● 图131 瑶山遗址及墓地

● 图 132 反山大墓 M23

● 图 133 玉琮

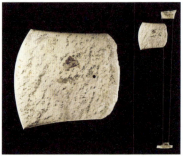

● 图 134 玉钺

图131—135：良渚文化随葬玉礼器的大墓、人工堆筑坛台，以及大规模、规范化的遗址群相继发现，说明良渚文化已进入方国时代。至于瑶山，是高出河面约30米的小土山，它北依天目山，东南临东苕溪，其南面冲积平原上，分布着四十几处良渚文化的遗址群，山上则有祭坛和墓地。

● 图 135 玉项链

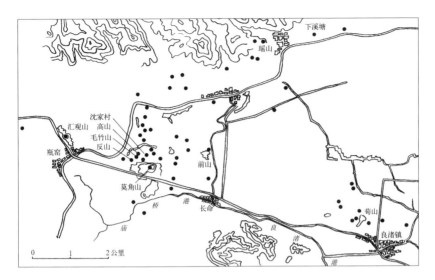

● 图 136 余杭良渚遗址群

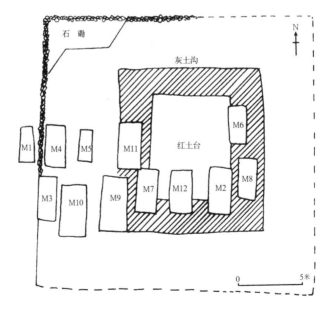

● 图 137 瑶山祭坛遗址及良渚文化墓群分布图

六、三部曲与三模式 | 133

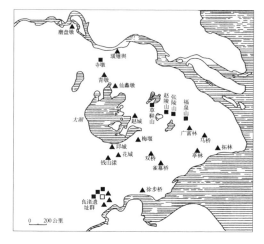

● 图 138 良渚文化重要遗址（▲）和墓地（■）分布图

入一个新阶段的标志。以瑶山遗址为例，这个遗址发现的祭坛和玉礼器有以下值得注意的现象：

第一，建筑于瑶山山顶，自内而外是用红灰和黄色斑土铺垫而成，附近无同时期的居住遗迹；

第二，祭坛南半部有东西成行的南、北两列墓葬，墓列分布范围与祭坛面积基本一致；

第三，墓葬大小及随葬品数量有别，却都以随葬玉器为主，当不是这类文化的普通墓葬；

第四，玉琮、玉（石）钺只见于南列诸墓，玉璜及纺轮仅见于北列墓葬。推测南列诸墓主人为男性，北列为女性。

男觋女巫脱离所在群体葬地，集中葬于祭坛，是巫师阶层已形成才可能出现的现象。女巫一般无琮，说明男觋地位一般高于女巫。上海福泉山良渚文化墓地有有琮无钺（T23M2）和钺、纺轮共存而无琮（T27M2）的现象，从另一方面说明当时掌握了神权的人，并不一定都掌握军权，和某些女性亦能掌握军权。瑶山等地墓葬最值得重视的现象，是琮、钺共为一人的随葬物，显示神、军权集于一人的事实。玉琮是专用的祭天礼器，设计的样子是天人交流，随着从早到晚的演变，琮的制作越来越规范化，加层加高加大，反映对琮的使用趋向垄断，对天说话、与天交流已成最高礼仪，只有一人，天字第一号人物才能有此权力，这就如同明朝在北京天坛举行祭天仪式是皇帝一人的事一样。这与传说中颛顼的"绝地天通"是一致的。这种权力集中到一人为标志的政权转折，是中国五千年文明史上的一个转折点，也是方国的一个主要标志，就是大国下的小国群体。从区系角度分析，太湖流域作为一个大区系，内部又分为若干个小块块，是大区系下的小块块。所以认识到良渚文化已具方国规模，才更有实质意义。

北方区系的夏家店下层文化是方国阶段的又一典型代表，不仅本身方国的特点显明，而且它在红山文化之后出现，又为燕秦所继承，古国-方国-帝国的发展过程也看得更为具体。

继红山文化后期率先进入古国时代之后，到距今4000年前在辽西地区崛起的夏家店下层文化，已是相当成熟的独霸一方的"方国"。夏家店下层文化分布在内蒙古、辽宁、河北三省区的邻境地带，包括京津。它北以西拉木伦河为界，南以永定河为界，中心范围在燕山北侧。敖汉大甸子发现的800多座夏家店下层文化墓葬所出彩绘陶器已具有礼器性质，与青铜器同样重要，还有铜权杖首，仿铜器的陶爵、陶鬶、成组玉器，反映社会等级、礼制的完全形成、青铜文化的高度发达和与中原夏文化的直接来往（图139—143）。夏家店下层文化的又一个突出特点是，村落密集分布在河谷地带，几乎都有防御设施，形成土石筑的"城堡"，这种城堡，在辽宁喀左一县内

● 图 139 大甸子墓葬壁龛彩绘陶鬲、陶罍、陶鬶出土场景

● 图 140 彩绘陶鬲

● 图 141 彩绘陶罍

● 图 142 夔龙纹彩绘陶瓿　　　● 图 143 陶鬶（左）和陶爵

图 139—143：　夏家店下层文化的彩绘陶礼器与青铜器同样重要，反映社会等级、礼制的完全形成、青铜文化的高度发达以及与中原夏王朝的直接来往。

就已发现 300 多处，比现代居民点要密集。在赤峰北沿英金河密集分布，连成一串的小城堡带恰与以后的燕、秦长城平行或重合。这种城堡带形式上还不能叫"长城"，功能却类似，就像汉代烽燧遗址一样，串连起来就起到"长城"作用，却比秦汉长城早 1000 多年，可以称作"长城原型"（图 144、图 145）。这种小城堡群有两种布局，一种是大范围内的星罗棋布，一种是边缘地带的连成一串，不是为了保护一座城，而是大范围的防卫，是国家的集体防御，同时在交通要道必设关卡，这只有国家规模才有条件，城堡链锁以内是需要保卫的"我方"，城堡链以外则是要抵御的"敌方"。这个"我方"绝不是单个城邦式的早期国家，而是凌驾于若干早期国家之上称霸一方的"方国"，是曾盛极一时、能与夏王国为伍的大国。所以，我们可以十分肯定地说，不远于 4000 年前，燕山南北地区社会的发展已超越了古国阶段，而进入了成熟的方国时代。而在凌源、喀左、

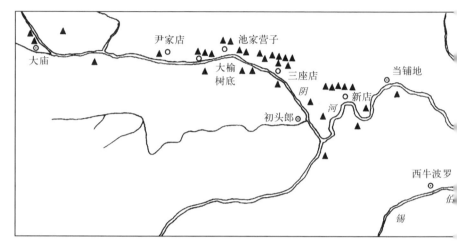

● 图 144 英金河、阴河夏家店下层文化石城址分布图

● 图 145 燕秦长城

夏家店下层文化在赤峰北英金河畔与燕长城大体平行的小型石砌城堡带，即原始长城，是与夏为伍、独霸一方的方国象征

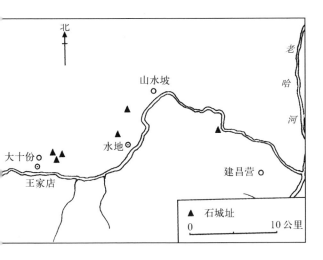

建平三县交接区发现的基本呈东北至西南走向的六个相当于商末周初时代的埋有青铜礼器的祭坑,说明这一带直到距今3000年仍然是一个十分重要的历史舞台。《左传》"肃慎燕亳吾北土也",这是殷人的认识,殷人的祖先可以追溯到燕山南北的古燕文化,甚至更北的白山黑水之间。西周初期召公之所以封至"燕"地,其立国基础绝不会是野蛮的原始社会,而是高度发达、自有来源的文明社会。召公带来了周王朝的文明因素,与当地"燕亳"的土著文明结合的燕国文明,一种更成熟的方国文明。

燕山南北地区从古国-方国,到汇入中华帝国是在2000多年前的燕秦时期。燕是北方大国,燕下都40华里范围是方国都城的最高规格。战国七雄都想建立大帝国,燕国的势力和影响不容小觑,"荆轲刺秦王"的故事就反映了燕赵慷慨悲歌之士不服输的性格。秦灭燕费了很大气力,就是秦始皇统一全国所建阿房宫,也是受到燕下都的启发,从按中轴线分布的大宫殿群到大建筑构件,都是仿燕下

● 图 146 姜女石遗址夔纹大瓦当

● 图 147 燕下都西南城墙西段

都的规格设计的，秦始皇陵特制专用的夔纹大瓦当，与当时中原地区流行的云纹瓦当不同，而燕下都众多种类的兽面纹瓦当和饰夔纹的大型构件可能是它的来源（图146、图147），可见秦始皇的大帝国思想的形成与北方的燕不无关系。秦始皇兼并天下之后，多次东巡，所到之处往往立碑刻石，以炫耀他的至尊皇帝的地位和巩固统一大业。而在渤海湾西北岸，他不仅留下了刻石，还在这里建了东土唯一的帝国级建筑物——帝国的国门，这就是1983年在辽宁绥中县止锚湾附近发现的墙子里、黑山头（即姜女石遗址）和河北省秦皇岛市北戴河金山嘴发现的两组三处宫殿建筑（图148—150）。金山嘴、止锚湾两地相距30公里，均处于伸向海中的两处小海岬的尖端，左右对峙连成一线，由此往东南直对旅顺的老铁山和山东荣成的成山头。秦始皇正是认清了这个三点一线的地理条件，才在金山嘴、止锚湾修建了堪与阿房宫规模、气魄比拟的宏伟宫殿群作为帝国的国门。帝国大门、东巡刻石和秦长城，都象征着渤海湾西岸这一方历经古国、方国的土地最终汇入了中华一统帝国的文明实体之中。

从"古文化、古城、古国"的观点，到"古国-方国-帝国"的理论，是中国各区系由氏族到国家具有普遍意义的发展道路，但由于史前六大区系不同的文化特征、历史过程和不同的个性，具体道路又各不相同。

● 图148 北戴河金山嘴秦宫遗址

六、三部曲与三模式 | 141

● 图 149 黑山头秦宫遗址

● 图 150 墙子里碣石宫遗址全景（东—西），宫殿遗址南对海中礁石群，即民间所称"姜女石"

> 图148—150： 从辽宁止锚湾到河北金山嘴东北—西南走向一线，恰同渤海海峡一线相对应，从这里远眺，直可把辽东半岛和胶东半岛环抱的海连成一片，形成自然景观与人文景观统一的、宅院门厅的格局，正符合秦始皇"择地作东门（国门）"的设想，是秦汉统一大帝国的象征。

中国国家起源过程中发展类型的"三模式",就是对这各不相同的具体道路的一种概括。阶级产生于分工,社会分工导致社会分化,这是由氏族到国家产生的一般道路,燕山南北地区走的就是这条道路,所以是中国古代国家发展模式中的"原生型"。这在上面已做了系统阐述。

与燕山南北地区相比,中原地区则有所不同。中原地区有关古文化如仰韶文化等,也都不同程度地经历过社会分工到社会分化的过程,因当时北方已先一步经历了从社会分工到社会分化、阶级出现的全过程,中原地区是在有了北方做样子,在北方影响下产生的阶级分化。而且,从陶寺到夏商周,中原地区国家的最终形成,主要是在从洪水到治水的推动下促成的,这是超越社会大分工产生政治实体的推动力。所以中原地区是中国古代国家发展模式中的"次生型"。

中原地区国家是如何起源的?猜谜式的探索已经多年了。重新提出这个问题,还是从北方的突破引申出来的。从文献与考古结合考察,洪水与治水传说是至关重要的。考古工作证明,沿京汉线与陇海线的邯郸－武功间至少有三处,在距今四五千年间发现过洪水的遗迹现象:一是邯郸,二是洛阳,三是武功(浒西庄、赵家来)。出洛阳城,往西下一个大坡到涧沟(涧河之沟),涧沟的龙山文化,沟下早,沟上晚,沟下是洪水前,沟上是洪水后,从沟下搬到沟上,是5000年以后的事。涧沟的材料少,武功的材料丰富,最典型。武功浒西庄在下边,赵家来在上边,时间与涧沟上下对应。山西襄汾陶寺相当于武功(赵家来),是迄今中原地区考古发现唯一较早近似社会分化达到国家(古国)规模的大遗址,绝对年代距今4500年前后,与传说《史记·五帝本纪》后半的尧舜禹从洪水到治水,从治水不成功到成功的时期大致吻合。所以,中原地区的文明起源要从洪水到治水谈起。关于陶寺遗址,前面已经谈过一些。把它作为中国文明起源的一种形式,是多种文化融合产生的文明火花。如从国家形成的模式看,它是以外部因素影响为主形成的次生型"古国"的典型实例。陶寺遗址发现的鼍、鬲、彩绘龙纹陶盘,彩绘、朱绘黑皮陶器,包含了北方因素,根与北方有关(图151)。红山文化已出现彩陶龙纹,红山文化末段已出现朱绘黑皮陶器,陶寺圆底腹斝到三袋足捏合而成的鬲的序列的原型可以追溯到河套东北角(河曲)与河北西北部出土的尖圆底腹斝,陶寺还出土一种扁壶序列,它们的近亲只能到远方的山东大汶口文化中去寻找,墓葬随葬品中类似"厨刀"(∠字形)的石制切割器,更要到远方的浙北杭嘉湖去攀亲。与它们共出的"磬和鼓"的组合不是一般民乐器类,它们是摆在厅堂或更隆重场所,作为礼仪性质的设施。还有成套的朱绘漆木器。所以晋南陶寺文化是又一次更高层次、更大规模的聚变火花。我们似还可以做进一步理解:距今7000—5000年,源于华山脚下的仰韶

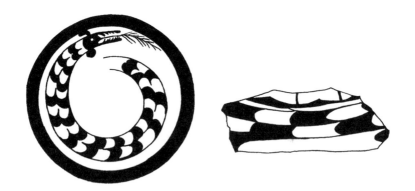

● 图151 红山文化彩陶龙纹(左)与陶寺彩绘龙纹(右)比较图

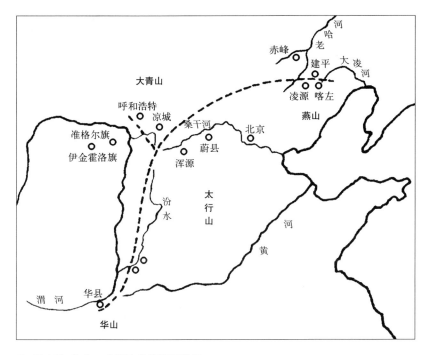

● 图 152 北方 – 中原文化连接示意图

从关中西部起，由渭河入黄河，经汾水通山西全境，在晋北向西与内蒙古河套接，向东北经桑干河与冀西北并再向东北与辽西接，形成"Y"形文化带，华山脚下仰韶文化与燕山地带红山文化就是通过这条通道交流撞击的，这是中国文化史上最活跃的大熔炉，也是中国文化史总根系中一个重要直根系

文化庙底沟类型，通过一条呈"S"形的西南—东北向通道，沿黄河、汾河和太行山山麓上溯，在山西、河北北部桑干河上游至内蒙古河曲地带，同源于燕山北侧的大凌河的红山文化碰撞，实现了花与龙的结合（图152），又同河曲地区古文化结合产生三袋足器，这一系列新文化因素在距今5000—4000年又沿汾河南下，在晋南同来自四方（主要是东方、东南方）的其他文化再次结合，这就是陶寺。或者说，华山一个根，泰山一个根，北方一个根，三个根在晋南结合。

六、三部曲与三模式 | 145

这很像车辐聚于车毂，而不像光、热等向四周放射。考古发现正日渐清晰地揭示出古史传说中"五帝"活动的背景。

五帝时代以距今5000年为界可以分为前后两大阶段，以黄帝为代表的前半段主要活动中心在燕山南北，红山文化的时空框架，可以与之对应。五帝时代后半段的代表是尧舜禹，是洪水与治水。史书记载，夏以前的尧舜禹，活动中心在晋南一带，"中国"一词的出现也正在此时，尧舜时代万邦林立，各邦的"诉讼""朝贺"，由四面八方"之中国"，出现了最初的"中国"概念，这还只是承认万邦中有一个不十分确定的中心，这时的"中国"概念也可以说是"共识的中国"，而夏商周三代，由于方国的成熟与发展，出现了松散的联邦式的"中国"，周天子的"普天之下，莫非王土；率土之滨，莫非王臣"的理想的"天下"。理想变为现实的是距今2000年的秦始皇统一大业和秦汉帝国的形成。从共识的"中国"（传说中的五帝时代，各大文化区系间的交流和彼此认同）到理想的中国（夏商周三代政治文化上的重组），到现实的中国——秦汉帝国，也相应经历了"三部曲"的发展。

"中国"概念形成过程，还是中华民族多支祖先不断组合与重组的过程。这也是在春秋战国以前的夏商周三代以至更早就已出现群雄逐鹿的中原地区看得最为明显。我们已经认识了前仰韶文化是一种组合，而半坡类型、庙底沟类型的出现就是一种重组，其后的仰韶文化庙底沟类型与红山文化南北汇合产生了一系列新文化因素和组合成新的族群，它们在距今5000—4000年在晋南同来自四方（主要是东方、东南方）的其他文化因素再次组合，产生了陶寺文化，遂以《禹贡》九州之首的冀州为重心奠定了"华夏"族群的根基。与此同时，从中原到长江中下游文化面貌发生了规模、幅度空前的大变化，黑灰陶盛行，袋足器、圈足器发达，朱绘、彩绘黑皮陶代替了彩陶，大型聚落遗址（古城）出现，墓葬类型分化，大墓中使用双层或多层棺椁以及由玉器、漆器、彩绘陶器、蛋壳陶器组成的礼器等，反映以西北古文化为一方，以东南古文化为另一方的更大范围的组合与重组，这就是"龙山时代"出现的文化背景。"五帝时代"可以说是中华民族多支祖先组合与重组的一个十分重要的阶段。

另一个重要阶段则是自距今4000—2000年夷夏斗争及夷夏共同体的重组与新生阶段。在这一大阶段中，如果说夏、商两代还是以"诸夷猾夏""诸夷率服"，夷、夏较量，互为消长为特点的话，那么西周至春秋时期则是以"以夏变夷"为其主流。当然在西周春秋之世，夷夏的分野依然存在，夷夏斗争依然继续，所以才有孔子所发出的"微管仲，吾其被发左衽矣"的感叹和"入夏则夏""入夷则夷"的追述。楚、秦、燕、齐诸大国都有"以夏变夷"的问题，并提出"尊王攘夷"的口号，但是孟子的时代就与孔子时代有了明显的不同。孟子说"只闻以夏变夷，未闻以夷变夏"。到战国末世，夷夏共同体重组的历史使命已大体完成，由此奠定了中华民族多元一体格局的社会基础，秦汉帝国的建立使以夷夏共同体为主体的多元一体的中华民族形成，可以说是水到渠成。秦汉帝国及其以后，"四夷"的概念有了新的变更和内涵。"四夷"已不是夏商时代的"四夷"，而是指帝国之内、《禹贡》九州之外的中华民族的各个支系。而且随着历史的发展，四夷的概念仍在不断地更新。这在中国传统的正史"二十四史"中，可以清楚地得到说明。

但是，中华民族的各支祖先，不论其社会发展有多么不平衡，或快或慢，大多经历过从古国到方国，然后汇入帝国的国家发展道路。不过,这一过程有早有迟,不是齐步走,而是一批一批的。值得注意的是,就是夏商周在中原地区建立王朝之后,周边民族也并不都是落后的。周秦都是在西北部(陇西)自己产生古国,然后在进入中原过程中发展为方国、帝国的。《史记·秦本纪》关于襄公、缪公、始皇帝事业的记载,就是由古国到方国再到帝国的三部曲,且与考古资料对应清楚。缪公罢西戎,已是大国之君,与齐桓、晋文不相上下。凤翔雍城近40华里范围,以及秦宫、秦陵,与燕国相当的大瓦当,都已是大国之都的规模,加上石鼓文等,已走在春秋列国的前头,令中原人不得不平等看待。特别是随着秦汉帝国的解体,周边民族纷纷建立国家,包括日本、朝鲜半岛。其中,北方草原民族建立的国家,对中华统一多民族国家的进一步发展所起作用最大。秦汉统一中华之后的近两千年间,正是北方草原民族几次大迁徙、大融合的动荡时代。几次大迁徙、大融合的主要民族是鲜卑人建立的北朝(北魏等),契丹人建立的辽朝,蒙古人建立的元朝,满族人建立的清朝。它们立体交叉、各自的开国史都经历过古国、方国、帝国这"三部曲"。它们所建立的国家是中国国家形成的又一类型,可称为中国国家发展三模式中的"续生型"。中国北方民族所建立的续生型国家虽晚走一步,却是骑马得天下,是在汉民族聚居区得天下,统治的是汉族人,继承的是汉文化,汉文化从此也长上翅膀,更有活力了。

举鲜卑族拓跋氏建立北魏政权的南北朝时代为例。我们在史前时期划分的面向海洋和面向欧亚大陆的两半块,在秦汉帝国解体后的民族大迁徙、大融合、社会大转轨时期,尤其具有重要意义。作为农牧接壤的燕山南北长城地带,在历代农牧文化交流中形成若干交通要道和口岸,北方民族就是通过这些口岸沿太行山内外入主中原的。"五胡乱华"是一个贬义词，但它与欧洲人所谓的"蛮族入侵"不完全是一回事。"五胡"不是野蛮人，是牧人，他们带来的有战乱，还有北方民族充满活力的气质与气魄。北方民族活动地区出土的大量反映北方草原文化与中原文化结合的、辉煌的北朝文化遗址遗物，从东汉末年的和林格尔壁画墓，到云冈石窟、司马金龙墓、北齐娄睿墓等乃至平城等北朝的都城建筑，以及在瓷业、农业、科技方面都是北朝留下的堪称中华民族的无价之宝。北方草原民族文化是极富生气和极其活跃的，它为中华民族注入新的活力与生命，它还带来欧亚大陆北方草原民族文化的各种信息，为中西文化交流做出重要贡献。大唐盛世的诸多业绩都源于北朝。

就北方民族所建立的"续生型"国家及其对中华统一民族国家发展所起的作用来说，中国最后一个帝国——清帝国，更具有典型意义。起源于东北地一角的女真——满族，曾经是一个发展较落后的、长期处于"四夷"地位的中华民族成分。努尔哈赤追溯他们历史的时候就说，由他上溯六世即肇基王业之祖，在女真人社会内部分散的奴隶主政权间经历过无数次的兼并重组之后，才在距沈阳东北方向200公里左右的新宾设立了帝王之位，建立了后金国，成为一方的大国。努尔哈赤又进行了大量的兼并征战，到皇太极时代的1636年，改后金为大清，为入主中原做了充分的政治、军事、文化以及人才各方面的准备，终于完成了清帝国的统一伟业，这是秦汉帝国以后新一轮的由北方民族入主中原建立帝国，几次重复华夏族早期从"古国－方国－帝国"的三部曲的翻版。

关于满族的开国史，我在1994年5月与日本富山电视台内藤真作社长的一次有关《环渤海－环日本海考古》的谈话和以后都多次谈到过。满族开国史有特殊意义，不可小看。起源于白山黑水间的

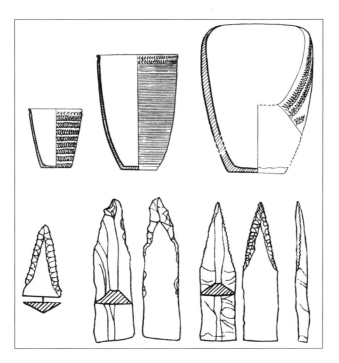

● 图 153 新乐文化出土器物

满族，是渔猎民族，从黑龙江新开流文化到沈阳新乐文化都以渔猎为特色（图 153、图 154），两者不能说没有渊源关系。渔猎民族天生没有国界概念，却能同赖以生存的自然界保持协调一致，这是渔猎民族优于农牧民族的地方。满族一开始就有一种一往无前的开拓精神，在处理民族关系方面善于总结历代经验，敢于说长城内外是一家。延续几千年的长城，经历两千年的民族大迁徙、大融合，竟奇迹般地被清朝开国百十年间康熙、乾隆两代经过上百年营建的承德避暑山庄这个人类历史上最具传奇色彩的建筑群取而代之（图 155）。自秦汉以来以筑长城、设重防把草原民族与中原农耕民族对

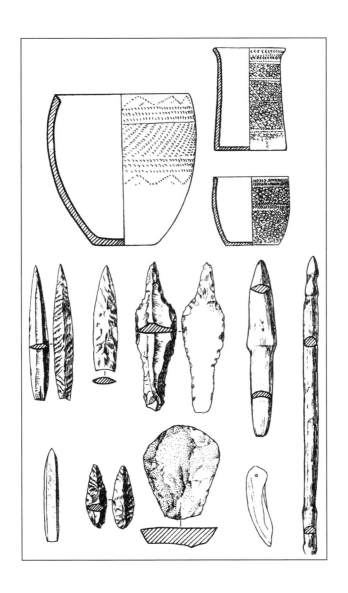

● 图 154 新开流文化出土器物

● 图 155 承德避暑山庄城墙及外八庙

立起来的格局,彻底地、一劳永逸地解决了,这是中国自有文字记载的历史以来一个重大历史事件的总结,也为长城史画了一个大句号。中国古代国家发展模式的三类型,特别是最后一二千年间的史实,应对我们理解"古与今"的接轨,有所启发。

七、双接轨

中国考古学文化区系类型学说的建立,中华文明起源和国家形成系统概念的形成,不仅使重建中的中国古史逐渐清晰起来,而且进一步提出了中国考古学与世界考古学接轨、古与今接轨的新课题。

中国是世界四大文明古国之一。世界不能没有中国,世界史不能没有中国史。但一个不容回避的事实是,中国学者写的世界史都不包括中国史,苏联学者写《世界通史》中国部分要委托中国学者来写,这都说明中国史在世界史中的地位与现在的研究状况很不相称。在这方面,历史学家有责任,考古学家也要意识到自己的责任。

其实,中国历史传统就是天下国,有"中央"有"四裔","四隅"并无自大、歧视"外化",而是局限于交通条件,凡与中国通,都包罗在内。中国正史都不乏对四夷单独列传的记载,《史记》就是写世界史,实质上中国史从来是既有中外之分,又有"天下一家"的理想。从考古学上看,中国古文化是土生土长的,又是在与周边民族文化交流中发展的。而考古学文化区系类型的建立和中国文明起源讨论的深入,把中国历史与世界历史的关系引向一个全新的认识,这就是"世界的中国考古学"的提出。

我们早在考古学文化区系类型形成过程中,就把中国考古学文化的六大区系分为面向海洋的三大块,即以山东为中心的东方,以太湖流域为中心的东南部和以鄱阳湖-珠江三角洲为中轴的南方，和面向欧亚大陆的三大块，即以燕山南北长城地带为重心的北方，以关中、豫西、晋南邻境为中心的中原和以洞庭湖、四川盆地为中心的西南部。提出"世界的中国考古学"，一方面把区系观点扩大为"世界的"观点，从世界的角度认识中国；一方面在用区系观点看中国的同时，也用区系观点看世界。这样分析的结果，正好是中国的两半块与世界的大陆文化和海洋文化这两半块相衔接。中国在人文地理上这种"两半合一"和"一分为二"的优势在世界上是独一无二的。中国传统史学有四裔和华夏之别，如从区系的中国和区系的世界观点看，四裔正是中国的两大块和世界的两大块，即旧大陆和环太平洋这两大块的衔接点和桥梁，四裔地区古文化在中国与世界的比较及其相互关系中占据更突出的地位。20世纪后半段（"二战"以后）世界考古学的大发展已表明，东西方古代文明的发展是大体同步的。东西方从氏族到国家的转折大致都在距今6000年；彩陶的产生，由红陶彩陶为主发展为以灰、黑陶为主的文化现象的出现也大体同步。世界三大古文明中心——西亚北非、中国为代表的东亚、中南美，经历过类似的从氏族到国家，而国家又经历过从古国到帝国的不同发展阶段。与东方秦汉帝国相对应的罗马帝国，是在近东古文明影响下产生的，是联合组成的大国，属于"次生型"的国家起源模式，随着罗马帝国的解体，很快在欧洲产生了许多多民族、多语系的国家，这同大约同时代秦汉帝国解体后的形势也十分相似。就中国与世界古文化的关系而言，中国考古学文化所划分的六大区系中，广义的北方中的大西北联系着中亚和西亚；大东北联系着东北亚；东南沿海和中、西南地区则与环太平洋和东南亚、印度次大陆有着广泛联系。源于草原文化的周秦文化都带有西方色彩，料器（琉璃器）、三棱铜箭头以及铁器、屈肢葬这些因素在中、西亚早一步，是周人和秦人把西方的这些因素带到中原来的，这样就将中国与欧亚大陆连起来了。其实最迟从旧石器时代晚期起，欧亚大陆以至新旧大陆之间就有了交流。发现于渤海湾东北岸的营口金牛山人，是世界上罕见的保存了头骨、肢骨和大量体骨的古化石人类，金牛山人距今20余万年，不论地质年代还是动物群，都表明它与北京人晚期有相当一段时间是共存的，但金牛山人的体质特征远较北京人为进化，头骨比北京人进步，上肢骨比北京人更为进步，由于金牛山人的进化比北京人早一步，使渤海湾成为连接亚洲与美洲的锁链，美洲人应来源于此。到了旧石器时代晚期，在金牛山附近海城小孤山洞穴遗址发现了以有孔骨针为代表的缝纫技术。骨针虽小，却意义重大，有了骨针解决了缝制皮衣问题，人们就可以进一步离开洞穴，走向平原，走向寒冷的北方，越过白令海峡走向新大陆。中国东半部史前文化与东亚、东南亚乃至环太平洋文化圈的广泛联系突出表现为，有段石锛以及作为饕餮纹祖型的夸张、突出眼睛部位的神人兽面纹的艺术风格等因素，与环太平洋诸文化中同类因素可能有源流关系。从岭南到南太平洋诸岛，海流、季候风有规律性变化，海岛是基地，独木舟就可漂过去，一年可往返一次，交流的机会很多，直到新西兰岛。中国中、西南地区与印度次大陆的关系以岭南到云贵高原的有肩石器（斧、铲）为典型，有肩石器的分布到印度河为界，在那里与印欧语系诸文化因素衔接（图156—158）。总之，围着地球转一圈，南北都有海陆连接点，中国是一个关键地带。

世界文明发展阶段的大致同步，发展道路有相近的一面，以及彼此的相互交流都表明，地球是独一无二的，因而世界文明发展具有"一元性"。开放、交流是世界历史、文化发展的总趋势，也是中

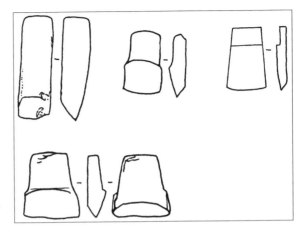

● 图 156 有段石锛

　　上排分别是河姆渡、海丰、余姚出土,下排是香港长沙栏出土

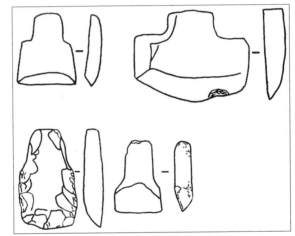

● 图 157 有肩石器

　　上排分别是石峡、广州出土,下排分别是广东广四牛角岗、香港出土

国历史发展的总趋势。从旧石器时代起直到今天,中国文化从来不是封闭和孤立的。诚然,中国历史上有过"中华帝国无求于人"的闭关锁国的政策和时代,但事实上的内外交流几乎一天也没有停止过。陆上丝绸之路、海上丝绸之路、陶瓷之路如此,不见经传的条条通衢更是如此。闭关锁国不过是封建统治者的主观愿望而已,民

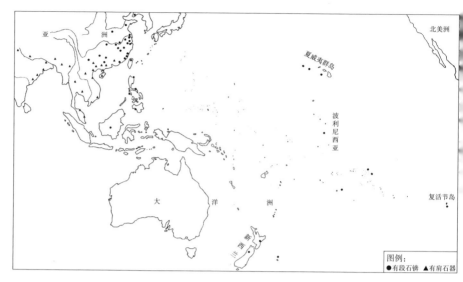

● 图 158 南太平洋及南亚地区有段石锛和有肩石器分布示意图

间的物质文化、精神文化的开放交流从来未被锁国政策真正扼杀过。不绝于史书的沟通中外的名人、功臣们的业绩，只不过是综合构成、开拓疏通了世界文化交流网络中的一些环节和文化交流史上的一些辉煌的瞬间。所以，中国历来是世界的中国。

同时我们还应明确，中国两半块和世界两半块的衔接，大头在中国。世界上没有哪一个像中国如此之大的国家有始自百万年前至今不衰不断的文化发展大系。1992年，我在为纪念中国历史博物馆成立80周年题词中，曾将中国历史的基本国情概括为四句话："超百万年的文化根系，上万年的文明起步，五千年的古国，两千年的中华一统实体。"

说到超百万年的文化根系，证据在渤海湾西侧阳原县泥河湾桑干河畔，那里有上百米厚更新世堆积的黄土层。在更新世黄土层的顶部有1万多年前的虎头梁遗址，在更新世堆积的底层有100万年前的东谷坨文化。它们代表着目前已知的旧石器时代文化遗存的一头一尾，而且都是以向背面加工的小石器为主的组群，代表着中国旧石器文化的主流传统。值得指出的是，东谷坨人已能选用优质的燧石为原料，小型石器的类型已较固定，打制技术已较熟练，已具有明显的进步性，因此东谷坨文化并不是中国文化的源头，真正的文化源头还要到超百万年的上新世红土层中去寻找。从超百万年的文化根系，到万年前的文明起步，从五千年前氏族到国家的"古文化、古城、古国"的发展，再由早期古国发展为各霸一方的方国，最终发展为多源一统的帝国，这样一条中国国家形成的典型发展道路，以及与之同步发展的中华民族祖先的无数次组合与重组，再到秦汉时代以后几次北方民族入主中原所形成的中华民族多元一体的结构，这一有准确时间、空间框架和丰富内涵的中国历史的主体结构，在世界上是举世无双的。它所提供的对在如此广阔的国土上丰富多彩而又相互联系的文化，做出纵、横发展的"庖丁解牛"式的辩证统一的研究的条件，在全世界也没有哪个国家具备。所以，中国史在世界历史发展进程中是大头，以考古学文化区系类型学说的理论方法和中国古代国家形成的系统概念的提出为标志的中国考古学派的出现，在世界考古学史上也是全新的，它将对即将跨入21世纪的世界考古学和历史学研究产生巨大影响。

走向21世纪的中国考古学，在与世界接轨的同时，必然也要面对未来。实现古与今的接轨，要思考人类正面临的根本问题，如民族传统与现代化的关系问题，人与自然的关系问题。这是全人类的问题，也是考古学要长期探索的问题。

关于民族传统与现代化的关系问题，我在1986年10月一次关于"文化与文明"的讲话中，谈到当时正在兴起的中国文明起源讨论的背景时，讲过这样一段话：

> 回顾历史，中国文化与中国文明起源问题被特别提出和被特别重视，正是在中国近现代历史上的两个转折点：一个转折点是五四运动时期，一个转折点是80年代初，这也是我们考古学科发展过程中的两个转折点。是什么样的历史转折？用一句话来概括，就是历史的反思。五四运动前后，当国家、民族面临危及生死存亡的时刻，在社会上引起了一个热烈的思潮，就是讨论中西文化问题。那时候中西文化问题之所以成为一个热门话题，原因很简单，就是几千年的文明古国落后了，落后的原因是什么？不能不从历史上来回答这个问题，我们究竟比西方在哪些方面落后了，如何赶上去，到底应该向西方学习些什么东西，这个问题可以说在五四运动时期基本上找到了回答，那就是科学与民主。这话现在说来很简单，在当时来讲，却是解决了一个历史大问题。因为我们是有悠久历史的文明古国，自来认为是天下第一，一切都是中国最先进，能够意识到比不上人家，要赶上去，而且提出科学与民主的口号，比日本的变法维新提得更深，更明确，这谈何容易呢？当然是大事。我国近现代科学只有在提出科学与民主的时候，才有了发展的土壤，从五四时期起，经过半个世纪后，我们又在经历一次历史转折，这就是党的十一届三中全会以后，历史的反思又一次被严肃地提出来了，那还是1980年前后，提的问题也还是中西文化问题，但现在提出问题的角度与前一次不一样，现在要开放，要引进，还是要讲科学与民主，这本来是不成问题的问题，事实上还成了更重要的问题。为什么？我们建设现代化，如果是建设日本式的，新加坡式的，是单纯学美国、学

西欧、学日本,那能就是千万仁人志士抛头颅洒热血奋斗的目标?不是。我们要建设的是同五千年文明古国相称的现代化。这就自然而然地提出,我们这个具有五千年古老文明的民族的灵魂是什么?精华是什么?精神支柱是什么?我们要继承什么?发扬什么?大家都在思考这个问题。我们考古工作者要严肃对待这个问题,都要感到自己的责任,因为我们的考古学科就是在这两个转折时刻有了重大改变,其主要标志就是,中国文化与文明起源问题是这两个转折点所引起的历史反思这一社会思潮的组成部分。事实上,一个牛河梁红山文化坛庙冢发现的消息,就引起国内外的重视,相当不平凡的重视。为什么"中华五千年文明曙光"九个大字,牵动了亿万中华儿女的心,引起国外同行的特别重视,谈了多少年的五千年文明古国,为什么现在提出来引起这样广泛的注意,80年代初的历史反思,提出振兴中华,就是它的社会历史背景。

那么,中国文化传统的精华是什么呢?这里不妨再概括几点:

一是中国人有一双灵巧的手,精于工艺,善于创造。这一特点在北京人时代已经形成。北京人文化的突出特点是用劣质石材制造出超越时代的高级工具,例如用脉石英石片修整成尖锐、锋利的小型石器等。这种勇于开拓、善于实践的精神在其后的几十万年中得到传承。良渚玉器上的微雕工艺,历史时期享誉世界的丝绸、漆器、瓷器工艺,对人类文明做出重大贡献的四大发明,直到20世纪60年代用"蚂蚁啃骨头"的办法制造出万吨水压机,都是这种传统的体现。中国农业的传统是自古以来的精耕细作,延续到今天,创造出以占世界7%的耕地养活占世界22%人口的奇迹。这种传统同中国人勤劳、朴实、自强不息的美德融为一体,孕育出无穷的创造力,成为中华物质文明、精神文明喷涌不竭的源泉。

二是中华民族极富兼容性和凝聚力。史前不同文化区系的居民,通过不断组合、重组,百川汇成大江大河,逐步以华夏族为中心融合为一个几乎占人类四分之一的文化共同体——汉族。它虽然占地辽阔,方言众多,但在文化上却呈现出明显的认同趋势。大约就是在这个基础上,以形、意为主又适应各地方言的方块字被大家所接受,成为其后数千年间维系民族共同体的文化纽带,产生了极强的凝聚力。汉族从一开始就不是封闭的、一成不变的。历史上许多进入内地的少数民族先后与汉族融合,给汉族不断注入新血液、新活力,得到不断壮大,并团结50多个兄弟民族共同组成伟大的中华民族大家庭。自秦、汉建立统一多民族国家以来,虽有过短暂的分裂,但统一一直是主流。中国从未被征服过。当西方殖民者以坚船利炮横行世界的时候,无法灭亡中国。世界诸文明古国中,只有中国历史连绵不断。中国人这种伟大的民族精神、力量,其根脉盖深植于史前文化之中。

近来我曾反复思考,中国传统文化的核——对天、地、君、亲、师的崇拜与敬重,是中国人传统信仰的最高、最集中的体现。

中国除了有些政教合一的少数民族以外,从来没有高于王权的宗教,也就是没有国教。一些外国人不能理解,于是想出了一个中国人自己并不认可的宗教——"儒教"。然而,所谓的"儒教",没有教主,没有教规,没有教仪,也没有宗教意义上的经典。但在中国传统文化中确有最高崇拜的对象,这就是天、地、君、亲、师。

我国古人对天、地,赋予了超自然的属性。这里的"天",是一种抽象的权威象征,一种不可抗拒的超自然正义力量。大家很熟悉的明、清两代的天坛，就是皇帝同天对话的神圣之地，可是在祈年殿里并没有设置一般宗教庙宇里的那种偶像。这是由于任何偶像都不足以代表天的伟大。从祈年殿到圜丘之间的天街东侧，有所谓的"七星石"，实际上，那应是泰山的象征。对于"地"的崇拜，反映了追求人与自然的协调。至于对"君"的崇拜，则反映着对社会秩序化即国泰民安的追求。对于"亲"的崇拜，我看至少包括"祖先崇拜"以来至现实生活中的"父慈子孝""兄友弟恭"等内容，是维系、协调人际关系的重要纽带。对"师"的崇拜，则是要求对文化、知识的尊重与继承。

如果今人能够对这一思想体系赋予当今时代的新含义，就能够更好地去对待自然，重视和协调人与自然和人际的关系。具有中国特色的科学化、大众化的当代中国考古学，也就能站到现实社会中应站的位置上。

再说人与自然的关系问题。旧石器时代几百万年，人与自然关系是协调的，这是渔猎文化的优势。距今一万年以来，从文明产生的基础——农业的出现，刀耕火种，毁林种田，直到人类文明发展到今天取得巨大成就，是以地球濒临毁灭之灾为代价的。中国是文明古国，人口众多，破坏自然较早也较为严重。而人类在破坏自然以取得进步的同时，也能改造自然，使之更适于人类的生存，重建人类与自然的协调关系。中国拥有在这方面的完整材料，我们也有能力用考古学材料来回答这个问题，这将有利于世界各国重建人类与自然的协调关系。上面提到的"超百万年的文化根系"，就包含人类智慧积累已有上百万年，万年太短，有名有姓的记载就更短，大多数还是未知数。孔夫子有一句很要紧的话："天不爱其道，地不爱其宝，人不爱其情。"（《礼记·礼运》）"道"是规律，"宝"是资源，

"情"是人与人的关系,这句话说的是人类不能不按自然规律办事,不能破坏地球,同时也讲到人与人之间也要协调一致。人非生而平等,平等是争取来的,还是林肯说得好——"民有、民治、民享",儒家的思想就是天下一家。老子《道德经》五千字,无时间、地点、人物,是超时空的科学,讲人与自然的关系,更涵盖宇宙。如果儒学从周公时算起,道学是后起的,道学的哲学理论原比儒学更精练,更高一层,而且是入世的,道家的哲学理论更符合现实生活。所以面对人类面临的人与自然界以及国与国、人与人关系这一难题,西方人希望从中国文化中寻找出路。21世纪的中国学将要成为世界学。

回想40年代初,也就是我写《瓦鬲的研究》前后,当时北平研究院院长李石曾常讲哲学史上一句名言,说真正的科学应该是"其大无外,其小无内"(《庄子·天下篇》)。中国考古学把现代生物分子学引进来,形成自身的方法论,从研究一种器物(瓦鬲)到解剖一种文化(仰韶文化),到形成区系类型学说,是从其小无内到其大无外,在此基础上提出中国文明起源的系统完整概念,提出中国两半块与世界两半块接轨和世界文明一元论,是其大无外,说明中国考古学已步入真正的科学轨道。

在社会发展与学科发展的形势下,作为中国学者,我们应有这样的认识,研究正在面向世界、面向未来的中国考古学,既要由中国学者来做,也应有世界学人来参加,中国考古学已有了自己的特色,有了自己的理论基础,有了重建中国古史的框架、脉络,我们学科的成就已为中国考古学与世界接轨、与未来接轨打下了基础,取得了发言权。我们已经找到了自己在世界历史和现实上的立足点,我们已经站在新的起跑线上,我们的目标是明确的。让我们一起迎接中国考古学新世纪的到来吧。

附录一：中国考古学文化区系年表

年代	区系	以燕山南北长城地带为重心的北方				以山东为中心的东方			以关中、晋南、豫西为中心的中原			陕县(含
		内蒙古中南部		辽西	辽东	胶东	昌潍	泰沂	陇山西(属北方)	陇山东	宝鸡至陕县	
		河套	河曲									
新石器时代	距今10000											
	8000			查海	兴隆洼			后李		大地湾(下)	老官台文化	北首岭(下)
	7000				新乐下层	白石(下)	西南庄	王因(下)			仰韶 半坡类型	文化 庙底沟类型
	6000			赵宝沟文化	小朱山下层	北庄	后辛 杨家圈	北辛	仰韶文化	仰韶文化		
	5500		仰韶文化(庙底沟类型)	红山文化	富河文化			大汶口早				
	5000	阿善二期		后红山文化	小朱山中层			大汶口中		石岭下		(庙底沟二期)
	4500			(小河沿)	小朱山上层			大汶口晚	马家窑文化		后仰韶文化	
青铜时代	4000	阿善三期			北沟		桐林丁公	龙山文化	(半山马厂)		客省庄二期文化	
	3500		朱开沟(一—五期)	夏家店下层文化	小朱山上层			岳石文化	齐家文化			
	3000			魏营子				齐鲁文化		先周	先秦文化	
铁器时代	2500			夏家店上层文化 燕文化								晋文化
	2000											

苏鲁豫皖交界	以环太湖为中心的东南沿海					以环洞庭湖与四川盆地为中心的西南部		以鄱阳湖-珠江三角洲为中轴的南方	
	宁镇	苏北	杭嘉湖	宁绍	浙西南	江汉平原	四川盆地	江西	广东
南庄头									西樵山
磁山								仙人洞(下)	玲珑岩
								仙人洞(上)	
青莲岗		北阴阳营(下)	马家浜文化	河姆渡文化(下层)		城背溪 彭头山 石皂(下)			前石峡
	薛家岗		——崧泽文化——			大溪文化 红花套 关庙山 青龙泉(下) 下王岗	三星堆(底层)		石峡文化(下文化层墓)
尉迟寺			——良渚文化——			屈家岭文化 石家河文化 青龙泉(上)	三星堆一期	筑卫城(下) 山背(下)	石峡中层
							三星堆二期	筑卫城(中)	
二里头文化		北阴阳营(上)	(马桥) 后良渚文化 吴越文化			盘龙城 楚文化	三星堆窑藏 十二桥 蜀 巴 文化	吴城 磨盘墩大王岭	石峡上层

附录一：中国考古学文化区系年表

附录二：苏秉琦论著目录

著 作

《斗鸡台沟东区墓葬》及附录《瓦鬲的研究》，北京大学出版社，1948 年
《斗鸡台沟东区墓葬图说》，中国科学院出版，1954 年
《洛阳中州路（西工段）》结语部分，科学出版社，1959 年 1 月
《苏秉琦考古学论述选集》，文物出版社，1984 年 6 月
《华人·龙的传人·中国人——考古寻根记》，辽宁大学出版社，1994 年 9 月

论 文

石鼓文"廊"字之商榷，《史学集刊》第一期，1936 年
试论传说材料的整理与传说时代的研究（与徐炳昶合著），《史学集刊》第五期，1947 年 12 月
《斗鸡台沟东区墓葬》编后记，《史学集刊》第五期，1947 年 12 月
如何使考古工作成为人民的事业，天津《进步日报》1950 年 3 月 28 日
1951 年春季陕西考古调查工作简报，《科学通报》第 2 卷第 9 期（1951 年）
目前考古工作中存在的问题，《科学通报》1953 年第 1 期
我从这个展览看到些什么，《文物参考资料》1954 年第 9 期
西安附近古文化遗存的类型和分布，《考古通讯》1956 年 2 期
关于仰韶文化的若干问题，《考古学报》1965 年 1 期
略谈我国东南沿海地区的新石器时代考古——在长江下游新石器时代文化学术讨论会上的一次发言提纲，《文物》1978 年 3 期
石峡文化初论，《文物》1978 年 7 期
在全国考古学规划会议、中国考古学会成立大会上的发言（摘要），1979 年

楚文化探索中提出的问题——在中国考古学会第二次年会闭幕式上的讲话,《中国考古学会通讯》第二期,1980 年

关于"几何形印纹陶"——"江南地区印纹陶问题学术讨论会"论文学习笔记,《文物集刊》第 3 辑,1981 年 3 月

关于考古学文化的区系类型问题,《文物》1981 年 5 期

姜寨遗址发掘的意义,《考古与文物》1981 年 2 期

现阶段内蒙古文物考古工作问题——在内蒙古自治区考古学会成立大会上的讲话(摘要),《内蒙古文物考古》1981 年创刊号

七十年代初信阳地区考古勘察回忆录,《中原文物》1981 年 4 期

建国以来中国考古学的发展——在北京市历史学会、中国历史博物馆举办的纪念中国共产党六十周年报告会上的讲话,《史学史研究》1981 年 4 期

地层学与器物形态学,《文物》1982 年 4 期

在中国考古学会第三次年会闭幕式上的讲话(提纲),《中国考古学会通讯》第三期,1982 年

在中国考古学会第四次年会闭幕式上的讲话(提纲),《中国考古学会通讯》第四期,1983 年

燕山南北地区考古——在辽宁朝阳召开的燕山南北、长城地带考古座谈会上的讲话(摘要),《文物》1983 年 12 期

提高学术水平,提高工作质量——在文化部文物考古发掘工作汇报会上的讲话,《四川文物》1984 年 3 期

笔谈东山嘴遗址,《文物》1984 年 11 期

在中国考古学会第五次年会闭幕式上的讲话,《中国考古学会通讯》第五期,1985 年

祝北京大学"文物爱好者协会"成立,《江汉考古》1985 年 3 期

谈课题,国家文物局编《文物工作》1986 年 3 期

燕山南北·长城地带考古工作的新进展——1984 年 8 月在内蒙古西部地区原始文化座谈会上的报告提纲,《内蒙古文物考古》(4),1986 年 7 月

辽西古文化古城古国——兼谈当前田野考古工作的重点或大课题,《文物》1986 年 8 期

辽西古文化古城古国——试论当前考古工作重点和大课题,《辽海文物学刊》

1986 年创刊号

山东史前考古,《山东史前文化论文集》,齐鲁书社,1986 年 9 月

谈"晋文化"考古,《文物与考古论集》,文物出版社,1986 年 12 月

纪念仰韶村遗址发现六十五周年,《论仰韶文化》(1986 年《中原文物》特辑)

象征中华的辽宁重大文化史迹,《辽宁画报》1987 年 1 期

太湖流域古动物古人类古文化学术座谈会上的讲话,《东南文化》1987 年 1 期

关于编写田野考古发掘报告问题,《辽海文物学刊》1987 年 1 期

给青年人的话,《文物天地》1987 年 4 期

向建立中国学派目标攀登,《庆祝中国社会科学院建院十周年院内通讯特刊》,1987 年 5 月 12 日

华人·龙的传人·中国人——考古寻根记,《中国建设》1987 年 9 月

——又见 ANTIQUITY(71)MARCH 1997(Translated and footnoted by Wang Tao)

中国考古学从初创到开拓,《瞭望》(海外版)1987 年 12 期

编者的话,《考古学文化论集》(1),文物出版社,1987 年 12 月

做考古学新时期的开拓者,《考古学文化论集》(1),文物出版社,1987 年 12 月

在中国考古学会第六次年会上的讲话,《中国考古学年鉴(1987 年)》,文物出版社,1988 年

中国考古学从初创到开拓——一个考古老兵的自我回顾,《中国文物报》1988 年 4 月 15 日

中华文明的新曙光,《东南文化》1988 年 5 期

环渤海考古与青州考古,《考古》1989 年 1 期

考古学简札——苏秉琦先生给陈晶同志的信,《辽海文物学刊》1989 年 2 期

写在《中国文明曙光》放映之前,《中国文物报》1989 年 5 月 12 日

再谈筹建考古实验站与课题问题——给山东省文物局负责人的一封信,《海岱考古》第一辑,山东大学出版社,1989 年 9 月

文化与文明,《辽海文物学刊》1990 年 1 期

考古学的新时代,《纪念北京大学考古专业三十周年论文集》,1990 年 6 月

《中国彩陶图谱》序,张朋川著《中国彩陶图谱》,文物出版社,1990 年

走向世界,走向未来——新年述怀,《中国文物报》1991 年 1 月 6 日

重建中国古史的远古时代,《史学史研究》1991年3期

在中国考古学会第七次年会上的讲话,《中国考古学年鉴（1990年）》,文物出版社,1991年

在中国考古学会第八次年会闭幕式上的讲话（提纲）,《中国考古学会通讯》八期,1991年

关于重建中国史前史的思考,《考古》1991年12期

重建中的"中国史前史",《百科知识》1992年5期

在中国文明起源研讨会上的讲话,《考古》1992年6期

中国考古学的黄金时代即将到来——纪念北京大学创设考古专业四十年,《中国文物报》1992年12月27日

迎接中国考古学的新世纪,《东南文化》1993年1期

论西辽河古文化——与赤峰史学工作者的谈话,《北方民族文化》1993年增刊

北京大学"迎接二十一世纪考古学"国际学术讨论会上的讲话（提纲）,1993年

《中国考古文物之美》序,《中国考古文物之美（1）》,文物出版社/（台）光复书局,1994年

六十年圆一梦,《中国文物报》1994年10月16日

与日本富山电视台内藤真作社长谈话,1994年

建立有中国特色的考古学派,《考古》1995年6期

良渚文化的历史地位——纪念良渚遗址发现六十周年,《文明的曙光——良渚文化》,浙江人民出版社,1996年

创业艰苦,成绩辉煌,《文物》1997年9期

中日合作《东北亚考古学研究》序文,辽宁省文物考古研究所、日本中国考古学研究会编《东北亚考古学研究——中日考古合作报告书》,文物出版社,1997年

环渤海考古的新起点——世界的中国考古学,《考古学文化论集·4》,文物出版社,1997年

本世纪中国考古学的一个里程碑

俞伟超

近代科学范畴内的中国考古学有了 70 多年的历史，经过三四代学者的努力，现在已对各古文化的谱系、基本面貌、历史特点有了大致了解；对于这些古文化在全人类文化进程中的位置及其价值，已开始思考；在即将来临的新世纪，必能对中国境内的古文化在全人类文化的谱系树上加以定位并做出准确评价，成为未来的人们进一步完善自己的共同而宝贵的精神财富。

对于考古学的建设来说，似乎需要一种和平的、稳定的社会环境，可是在这 70 多年中，至少有 30 年以上是在战争与社会动乱的状态下度过的。所以，只要我们想到 80 年代初英国的丹尼尔在论述全球考古学史时所说第二次世界大战后中国出现了一个"考古学的黄金时代"，就不能不对曾为中国考古学的开创和发展做出过重要贡献的一批前辈学者李济、梁思永、石璋如、夏鼐诸位先生，表示深深的敬意。苏秉琦先生是我国考古类型学的奠基人，并且自 50 年代后期起，不断对中国考古学体系的建设做出有全局性意义的指导，所以当他走完一生之路后，千百名弟子尊称他为"一代宗师"。

秉琦师之所以能做出一系列重要贡献，我感到，一是因为他几乎经历了中国考古学自奠基至今的全过程，还几乎一直处在核心圈内，理解不同时期推进中国考古学的客观需要；二是他有独特的敏锐眼光和缜密的逻辑思维能力,在头绪众多的新发现中,善于找出当时的学科生长点和概括大量分散的材料;三是他的"有教无类"品格,同许许多多奋斗在考古工地第一线的人员,长期保持着师生般的关系,可以经常及时了解到各地的考古新发现和由此得到的新认识;更重要的是他是一个真正的理想主义者,终生一心为重建中国古史、为考古学的科学化和大众化、为中国考古学能更好地起到增强民族凝聚力的作用而奋斗不已。

秉琦师对中国考古学研究的贡献,主要结集在以下三本书中。第一本是1984年6月由文物出版社出版的《苏秉琦考古学论述选集》,反映了他最初40年在发展考古类型学方面的成就。第二本是1994年9月由辽宁大学出版社出版的《华人·龙的传人·中国人——考古寻根记》,主要反映了他在以后10年间为寻找中国古史发展的轨道和模式所做的新探索。第三本就是1997年6月香港商务印书馆初版、现由北京三联书店重版的《中国文明起源新探》。这是自述体裁的叙述毕生考古经历和研究内容的系统总结,篇幅不大,却反映了我国考古学近60年来的时代精神和秉琦师对其研究成果的自我归纳,对于了解他的学术思想来说,无疑是最重要的著作。

本书在香港出版后,内地的许多学人很想阅读,但购买不便,所以北京决定重版。三联要我写一篇介绍,我想,全书既然概述了秉琦师研究中国考古学的全过程,我就需要对反映秉琦师主要研究成果的三本书,都做些背景说明,便于大家更好地了解他的学术思想。

《考古学论述选集》收录了1941—1983年的23篇著述,反映了秉琦师创建中国考古类型学并进一步发展的过程。

考古类型学是受生物分类学的启发而产生的，主要研究考古学遗存外部形态的演变过程，所以又被称作形态学或分类学。在欧洲，从 15 世纪后期开始，出现了收藏罗马古物的热潮，逐渐形成了古物学；18 世纪扩大到收藏希腊古物，进而又扩大到古典世界以外。19 世纪初，丹麦注意收藏北欧古物，为了探求古物的年代和族属，从韦代尔·西蒙森和汤姆逊开始，对古物的形态和装饰进行分类研究。最明显的差别自然是质地，于是，提出了工具和武器经历了石器、青铜器和铁器三时代说。这种意见很快就在瑞典、德国等得到承认，从此，类型学研究在北欧就成为一种学术传统，终于出现了一位大师蒙德留斯。他在 1903 年出版的《东方和欧洲的古代文明诸时期》的首章中，系统叙述类型学理论，并把此章叫作"方法论"，标志着考古类型学理论已经成熟。

　　差不多同时，英国的皮特里用类似的方法研究陶器形态演化序列，寻找出了埃及的前王朝时期。蒙德留斯是在同一种器物内分出型别，再在同型内寻找演化序列；皮特里则主要是笼统地在同一种器物内排列形态的演化序列。蒙氏的方法当然更完善些。

　　在我国，1930 年梁思永先生首先对山西夏县西阴村的仰韶陶片，进行形态分类，把口缘、底部、柄或把手等部位依其形态差别，给以不同符号，用一种多层符号来标记陶器形态之别，但这样的符号，并不能表现出器物的形态演化顺序。当时发掘到的西阴村仰韶陶片，并未复原出什么完整器形，仅仅面对着一大堆碎陶片，当然难以找到合理的形态分类法。可是 10 多年后李济先生在进行殷墟铜器和陶器的形态分类时，尽管见到的是一大批完整器，但仍用着类似的多层符号记录法。李济和梁思永先生都是赴哈佛留学归来的，他们所以使用这种方法，也许来自师承。但这种方法没有寻找出器物的演化顺序，所以，这种最初的尝试，并未成功。

秉琦师在 40 年代整理陕西宝鸡斗鸡台沟东区等地的陶器时，则找出了同一种器物（如鬲）的不同演化轨道，因而先区分为不同的类（即型别），再在同一类内寻找演化顺序，依次编号，由此而使用两层符号（即型、式）来表示器物的演化顺序。50 年代以来我国一系列类型学研究的实践，证明了这种方法是合理的。秉琦师并未出国留学，但蒙德留斯的"方法论"于 1935 年在我国就出现了两种译本（郑师许、胡肇椿和滕固的），他是参考了北欧学者创立的考古类型学理论，结合中国考古学的实际，从而奠定了我国考古类型学的基础。

在此基础上，1959 年时，他在《洛阳中州路》一书中，又把 260 座东周墓分为大、中、小三型和七个期别，即将每一座墓当作一个整体来分型、分式，不仅找到了演化顺序，还看出了墓主身份的差别。如果说，类型学本是为了寻找考古学遗存形态变化过程而出现的，现在则上升到了可以探索人们社会关系的高度。这是类型学的一大进步。

在此需要说明的是，《洛阳中州路》全书中的资料介绍部分，并未按秉琦师心目中的方法来分类，所以在此书出版前的半年多，他曾在办公室中手持一大沓中州路器物卡片遗憾地对我说："真是没有办法。"此书中真正表达秉琦师想法的，是由他亲自撰写的"结语"部分。

他对考古类型学的进一步发展，是在 1965 年的《关于仰韶文化的若干问题》一文中表达出来的。此时，他又找到了对考古学的文化要划分区域类型、再按类型划分期别、依期别来分析社会面貌的方法。这就揭示出了考古类型学具有为寻找文化前进轨道和社会发展规律做好基础准备的能力。

  这个评论,我在 1983 年写作《考古学论述选集》的"编后记"时已经提了出来。但现在还必须说明,秉琦师早在 1951 年调查西安沣西的古文化遗存后,已经有了一点仰韶文化应该划分(区域)类型的想法,而自 50 年代末以来,便一直把半坡和庙底沟视为仰韶文化中两个并列的类型,从未动摇过。可是在 60—80 年代,我国的绝大多数考古学者,包括我自己,都把这两个类型静态地当作仰韶文化前、后两阶段的遗存,因而在当年写的"编后记"中,对此问题故意含糊其词,回避明确说法。直到 90 年代初,看到山西垣曲古城镇东关等地仰韶文化的材料后,我才确信并列类型之说,懂得了原来以为证明半坡在前、庙底沟在后的一些地层关系,只是因为庙底沟类型后来曾将其分布范围扩展很大,把以前曾是半坡类型的活动区都包括在内,才出现了早期半坡在下、晚期庙底沟在上的地层。

  全国考古学界对于半坡、庙底沟相互关系的模糊认识,在长达 30 多年的时间内始终占有主要地位,秉琦师是唯一的清醒者。现在回想起来,他当年坚持自己意见的道理其实很简单,就是因为根据器物形态演化的原理,在没有外力影响下,半坡类型的杯口尖底瓶,不可能变成庙底沟类型的双唇尖底瓶;半坡类型彩陶的鱼纹、宽带纹等,也不会变为庙底沟类型的鸟纹和圆点弧线勾叶纹,等等。这一事例充分表现出秉琦师对类型学原理的把握是如何严格,也再一次说明真理有时确是在少数人手里。

  秉琦师对发展考古类型学的思考,即使在十年动乱期间,也未停止。所以当"文化大革命"结束后不久,他就在 1981 年发表了《关于考古学文化的区系类型问题》这篇重要文章,对中国的新石器文化及部分青铜文化,做了全局性的归纳和区域类型的划分,引起了我国新石器研究的极大变化。

此文发表后,首先产生的影响是,迅速冲垮了长期占主导地位的中国古文化的大一统思想。从20年代以来陆续找到的仰韶、龙山、良渚、红山等文化,由于分布地区不同,当它们刚被发现后,很自然地被认为是不同地区的不同文化,但当50年代后期至60年代初发掘了华县元君庙、泉护村和洛阳王湾等地的遗址后,因为大家不仅普遍误认为半坡和庙底沟是仰韶文化前、后阶段的遗存,还因见到嵩洛地区的河南龙山文化是从当地仰韶文化发展而来的,遂出现了一股以黄河中游为中心的大一统思潮,以为马家窑、龙山、马厂、红山,乃至新发现的大汶口和大溪等彩陶发达的文化,都是从仰韶文化蔓延出去的地方变体;山东的龙山文化,甚至江南的良渚文化和甘青的齐家文化,也被认为是中原龙山文化的地方变体。这种思潮随着各地的新发现和研究的深入,后来已慢慢退缩,但直到80年代初还是有相当的影响。我记得此文发表后的一个多月,在王府井大街的考古所中,作铭先生刚从国外回来,看了这篇文章,就到秉琦师的办公室里对秉琦师还有安志敏先生和我说:"你(面对秉琦师)的文章很有意思,和你(转而面向安志敏先生)的看法不一样,你是讲大一统的。可惜这篇文章没有附图,别人不容易看懂。"另据1983年冬我在哈佛大学接触到的情况,这种大一统的思想,在美国等西方国家中当时也有相当影响。只要知道这种背景,便能明白正因为此文冲破了30年来大一统思想的樊篱,并相当准确地把我国境内主要的新石器文化(含部分青铜文化)划为六个大区和概括为面向海洋和面向内陆两大片,才有可能比较准确地建立起我国考古学文化的谱系。

这篇文章最重要的价值,当然还是在于正式提出了考古学文化的区、系、类型理论。考古类型学的自身能力,本是只为确定各考古学文化的时、空位置及其相互关系;有关考古学文化中所见社会面貌的研究,则是依靠其他理论概念和方法来进行的。研究古文化的全部面貌及其进步过程和法则,的确需要许多其他学科的理论概念和方法,但区系类型理论的出现,就使考古学文化的时空关系能转化为一个历史的框架,从而为考古学和其他学科的联结建立起一个桥梁,使考古学材料可按其历史的位置来研究其物质的、社会的、精神的情况。这样,中国考古学体系的建立就可以得到一个可靠的基础。

《考古寻根记》收录了1979—1994年的60篇论述,除开头两篇外,都是1984年6月《考古学论述选集》出版以后形成的。

秉琦师倡导的考古类型学方法,自50年代后期起接受者便逐渐增加,但在整个中国考古学界中,还是长期处于多数人尚未理解的状态下。到了80年代中期,因《论述选集》的出版与介绍,更因广大考古人员在实际工作中的多年体会,区系类型理论迅速得到大多数人的共识,一下子掀起了研究区系类型的热潮,全国各地几乎都在建设本地区的古文化谱系。当这种变化发生后,秉琦师除了继续对燕山南北和长城地带、西北大地湾文化、黄河中游的晋文化、以蜀文化为中心的西南地区、环太湖区域、环渤海湾等地区的古文化指出在区系类型研究中应该注意的要点外,已把精力转向探讨古文明进程的另一些规律性问题。

这是一个涉及面更广、内容更复杂、理论层次更高的范畴。秉琦师其时已达高龄,难以再像过去那样奔波于各考古工地,但他仍抓住辽西地区的考古新发现为突破点,多次前往辽西(当然也还有上面提到的另外一些地区），在近 10 年时间内，提出了一系列有关文明起源及其进步轨道的新概念，把中国考古学向更高的层次推进。

要讨论文明起源问题，似乎先要明确文化、文明、城市、国家等基本概念，而这在国际范围内又是意见众多、争论不休的老难题。秉琦师最不喜欢从概念到概念，常常是单刀直入地从实际现象中抽象出规律性的认识。他在思考过程中，还喜欢和别人交换想法，补充自己的认识。例如当 80 年代中期黄河中下游已确定了许多龙山阶段的古城时，他就思索城市发生问题。那时我曾对他说，像西亚耶利哥那种已有石围墙的新石器时代早期聚落，西方学者有时用"镇"（town）来表示。后来他在规定"古城"这一概念时，就说这是指"城乡最初分化意义上的城和镇"。

正在此时，辽西地区相继发现了红山文化的祭坛、女神庙、积石冢和绥中到秦皇岛的秦代离宫建筑群。他由此得到许多启示，从而在 1985 年 10 月 13 日于辽宁兴城疗养地，做了《辽西古文化古城古国》的重要讲话，开始提出了辽西地区文明起源过程的想法，认为古文化（指原始文化）、古城（指城乡最初分化意义上的城和镇）、古国（指高于部落的、稳定的、独立的政治实体）这三个阶段，是文明起源的逻辑的、历史的过程。如果孤立思考古文化、古城、古国的概念，可以产生很多不同说法，但一旦放在文明发生的轨道上来考虑其位置，就会被赋予一种特定的、新的含义。

秉琦师很谨慎，他刚提出古文化、古城、古国是文明起源的三历程时，是仅就辽西地区而言的。但此说一出，引起极大反响，在我国引发出了讨论文明起源问题的热潮，许多地方纷纷提出了本区域内古文化、古城、古国的历程。这就进一步表现出这一认识具有的普遍意义。于是，秉琦师后来便明确说，这是"从氏族公社向国家转变的典型道路"(《明报月刊》1997年7期80页)。

既然各地都有自身的三历程，而国家形成后又经历了好几千年，那么，国家形态有什么变化呢？不同地区的国家形成模式有什么差别呢？秉琦师为此考虑数年后，又提出了"三部曲"和"三模式"的理论。

1991年，他在《迎接中国考古学的新世纪》的谈话中，即明确地讲出了"古国、方国、帝国"是国家形态发展三部曲的看法。

当他最初在兴城提出"古文化、古城、古国"时，曾把"古国"一直讲到战国时期的燕文化。但现在则认为出现了"坛""庙""冢"的红山后期，已进入"古国"阶段。至公元前2000年以后的夏家店下层文化时期，从赤峰大甸子墓地的分析和英金河沿岸城堡群做链式排列状况看，一种统辖了多个"古国"而独霸一方的"方国"当时已存在，辽西地区已到了国家形态的第二阶段。秦始皇兼并天下后在绥中到秦皇岛留下的两组大型宫殿遗址，象征着秦帝国的国门，标志着此地同整个秦代一样，进入"帝国"阶段。这就是他新提出的国家形态发展三部曲的基本脉络。

仅仅两三年后，他又在《国家起源与民族传统(提纲)》和《〈中国考古文物之美〉序》中表达了"北方原生型""中原次生型""北方草原续生型"是国家形成三模式的理论。所谓"原生型"，是指像辽西的原始文化，基于本身产生的社会分工、分化而进入古国以及方国阶段，是中华大地上最早发生的文明，所以曾称之为"中华文明的曙光"。所谓"次生型"，是指中原地区因在原始文化晚期就融入了来自多方的因素，又因4000年前的洪水与治水事业，强化了国家管理公共事业的职能，八方文化汇集中原，这里产生的文明就比更早出现的北方原生型文明起点更高,基础要广。中原的夏、商、周、秦,各有自身的开国史,其中的秦则完整地经历了自襄公的古国,经缪公的方国而至始皇帝的帝国这种国家形态发展的三部曲。所谓"续生型",是指北方草原民族的建国模式。东汉帝国解体后,从五胡经辽、金、元至清那些北方民族,各自发生的古国、方国、帝国的过程,并非全由本身文明因素的自然积累,而是在本身文化原有传统的基础上,又因为汉族文明的影响和依靠历史的借鉴,走上了国家形态曾有飞跃发展阶段的捷径。

这些"三历程""三部曲""三模式"的理论,当然也是古史研究,甚至还可以说是人类学研究的理论。这是一个庞大的理论体系,但秉琦师只用了10年左右的时间来思考和表达,所以一些论述还只是提纲式的。可是这些看法触及的历史深度,已经对考古学界,乃至更广泛的人文学科的其他学界发生触动,可以认为,它显现出中国考古学新阶段的曙光。

在这10年间,他的另一重要思考是如何重建中国的远古时代。他在1991—1992年的《重建中国古史的远古时代》等三文中,郑重提出了"重建中国远古时代",也就是"重建中国史前史"的奋斗目标。按照他1992年亲自填写的《中国社会科学院研究员(含相当)主要研究成果登记表》的内容,他自己认为在1984年以后,这三篇文章是最重要的研究成果。

这当是秉琦师青年时期就已产生的愿望。五四以后,科学、民主呼声高涨,西方新思潮迅速传播,知识界的思想发生很大变化。要求重新审视历史,打破三皇五帝的传统史学体系,成为时代的要求。于是,我国自身的考古学发生了,古史研究中的古史辨派出现了,传说时代的研究开始了,人类学也传入进来。秉琦师于1934年在北师大历史系毕业后即进入北平研究院史学研究所考古组,此后毕生从事考古工作而未转移爱好。他青年时代正处在史学新思潮蓬勃兴起的环境中,从而有了搞清楚司马迁以前的历史、重建中国史前史的理想。自20年代以来,为重建史前史,考古学一直奋斗不止;史学和人类学也做过许多尝试,打下了一定的基础。但"重建"将有具体内容,必须把考古学的材料、古史中的有关传说、人类学的理论很好地结合起来,而当时的条件与"重建"的目标距离很远,所以在很长时间内,这种愿望一直是学者们的一个梦。直到1954年和1962年,李济先生两次在台北所做重建中国上古史问题的演讲中,仍然只是讲了研究的范畴、材料的来源、思考与写作的原则这些笼统的内容(见张光直、李光谟编《李济考古学论文选集》81—97页)。

但现在情况已经大变。我国考古学文化的谱系已大致建立了起来;考古学文化与传说时代对应起来的研究,开始有了一点成果;考古学也正在努力扩大自己的研究范畴和方法。秉琦师自己对国家产生典型道路的三历程、国家形态发展的三部曲和国家形成的三模式的理论探索,正包含着史学和人类学的一定内容。秉琦师显然已经看到了这种新形势,所以在80年代后期就答应老同学白寿彝先生之约,承担了由白寿老筹划并主持编纂的《中国通史》第二卷的主编工作,并在90年代初正式提出"重建中国史前史"的口号,希望青年时代就已发生的梦,能够在不远的未来予以实现。此时,他对如何把考古学概念同历史学概念对应起来还做了一番思考,曾对我说:"石器时代距今遥远,有许多具体考古学材料,还有些古史传说材料,可以叫作远古时代;夏商周三代则可称上古时代;以后的,可像通常所说那样,叫作古代、中古。"由他主编的《中国通史》第二卷，就是叫作"远古时代"。

要把考古学同历史学、人类学真正结合成一体，可能还要经历相当时间；但把这三个学科结合起来"重建中国远古时代"，在下一世纪中一定能做得很好。

回顾秉琦师63年的考古生涯，他从探索先周先秦文化、区别周文化和羌戎文化的特征、实现考古类型学的中国化这些研究开始，直到寻找"三历程""三部曲""三模式"的理论，一直为考古学的进步而不停顿地思考，几乎没有间歇。这也就使他长期抽不出时间来系统叙述自己的主要研究心得。

幸而在1995年，香港商务印书馆总编辑陈万雄先生在北京见到秉琦师虽身体已弱，但思路敏捷，就下决心特邀秉琦师由医务人员陪同，于1996年1月8日至2月19日前往深圳，进行写作。在这一个月内，因别无他事，能静静地回忆毕生经历，系统地讲述全部研究过程和成果。随行的学生郭大顺同志自始至终地做记录，并在同一年内，穷数月之力，整理出本书初稿，又送秉琦师亲阅并再做修改，成为定稿。按照秉琦师自己的话来说，这是"一本我的大众化的著作，把我一生所知、所得，简洁地说出来"（《明报月刊》1997年7期88页）。实现考古学的科学化和大众化，是秉琦师的理想。他在生命的最后年代，归纳了一辈子进行考古学研究所得认识，用简单而形象的语言，系统地表达出来，终于给大家留下了一本能供考古学界、史学界、人类学界，甚至是更为广泛的民众都愿意阅读并能得到很多启示的著作，无疑为本世纪的考古学文库，增添了一本传世之作。

此后不久，在1996年11月中旬，香港《明报月刊》对秉琦师做了一次专访，并委托邵望平同志继续完成这次采访。1997年1月中旬，秉琦师分四次做了回答，并由邵望平整理成《百万年连绵不断的中华文化——苏秉琦谈考古学的中国梦》一文，在《明报月刊》1997年7期（73—88页）刊出。《明报月刊》选择香港回归的日子发表，足见古兆申先生把秉琦师对中国考古学的认识是放在同民族灵魂相关的重要地位上来考虑的。这正是秉琦师最后年代思考的精髓。这个"访谈录"的内容，颇似《中国文明起源新探》的浓缩，而有些地方又展开了一些。

在"访谈录"完成过程中，秉琦师曾于1997年3月中旬把我叫去，让我做些修改，说了一些想法，反复要我加强表达考古学研究对启示今人的作用，并且一定要把我在他八十五寿辰时写的祝寿之辞加进去，即"历史已逝，考古学使他复活。为消失的生命重返人间而启示当今时代的，将永为师表"。我一直深以为憾的是，当时工作繁忙，交稿时间又紧，未能做好这一点，不过，我已经极为明白他此时是把寻找中华古文明的民族灵魂和精神支柱，作为思考的重心。我自己由于在1992年时，曾经思考了人与动物的根本区别和人类历史的起点问题，已领悟到"古今一体"是人类社会的本质性能，所以完全理解到他正在寻找的古今文化的内在联系，触及了考古学最根本的价值，深入到了考古学生命之树的根系。秉琦师的研究境界，又开始了再一次的升华。

可惜生命的规律，停止了他的思考，一个半月后，6月30日子时，秉琦师告别人世，引起了我国考古界的空前哀伤。但大家也还是懂得，他的理想自己只能实现一部分，一定要经过一代又一代的努力，才能逐步达到。就秉琦师60多年来的研究成果而言，已经为中国考古学在第一个世纪中树立起一个里程碑，我为这个里程碑的建立过程做介绍，自然想到了40多年来的许多感受，心情激动，思绪难以平静下来。好在他的著述俱在，大家自己会得到合理的看法。但无论如何秉琦师已把中国考古学推进到了一个新高度，下个世纪的考古学者将在新的起点上前进，定会使中国考古学取得更加辉煌的成果！

1998 年 3 月 17 日凌晨于北京

捕捉火花
——记协助苏秉琦先生写作《中国文明起源新探》

郭大顺

我一直有个愿望,希望能协助苏秉琦先生撰写一本反映他一生成就、特别是20世纪80年代以来新观点的专著。1994年由我负责编辑的苏先生的第二本论文集《华人·龙的传人·中国人——考古寻根记》由辽宁大学出版社出版并引起反响后,我想实现这一目的的愿望更强烈了。考虑到先生年迈的身体,曾小心翼翼地写信建议他在这本新出的书上先做些批示,算是做个准备。先生则在1994年9月北京大学考古系为他举办的85岁生日庆祝会过后写给我的一封信中,提出"学无止境,找个地方大家再聚一聚,谈些新课题"的想法。我深深了解先生的心思。从1982年由他倡导的考古现场会在河北省张家口蔚县三关考古工地召开并提出"三岔口"的概念起,连续数年他都是带头组织和参加这类小型会议并即兴做极有针对性和启发性的发言,其中重要的如:1983年在辽宁省朝阳考察东山嘴遗址,提出"燕山南北考古"新课题;1984年、1986年在呼和浩特找到小口尖底瓶演变为三袋足器的实证并考察包头史前祭祀遗迹等,提出"三北考古";1977年考察杭州良渚遗址时在莫角山下关于"古杭州就在这里"的对话和1984年嘉兴会议称上海福泉山墓地为"土筑金字塔";1985年洞察即将在全国掀起的中国文明起源大讨论,在辽宁省兴城提出"古文化古城古国";同年又在山西省侯马论述"晋文化考古"时,提出晋文化"是中原和北方两大古文化区系间的重要纽带"和"红山文化坛庙冢是中原和北方碰撞的产物";1984年、1987年在四川省成都考察三星堆遗址提出"文化生长点";1986年、1987年考察长岛北庄遗址,提出"环渤海考古"的新课题。90年代以来,他虽然不再下考古工地,但仍然站在第一线思考问题。1991年在河北省石家庄这个"九州之首"的所在,提出"世界的中国考古学";1993年到雁北考察后,对秦汉帝国解体后的民族大迁徙、大融合中,北方草原民族入主中原,为中华统一多民族国家的最终形成所起的主导作用印象深刻,遂在中国文明起源"三部曲"之后,又形成"三模式"的系统概念。这一系列对考古界具有指导性的观点的提出,都是他经过实地考察或观摩实物,因景触情,激发出的思想火花。

这次到哪里去呢?

时值先生的第二本论文集在《人民日报》(海外版)报道,香港《新晚报》转载。当时任香港商务印书馆总编辑助理的张倩仪小姐看到报纸后立即给我打电话,希望出香港版,将苏先生的观点向海外宣传。我则转达了苏先生希望"出去走走"的想法。时任香港商务印书馆总编辑的陈万雄先生对苏先生的想法非常尊重,立即建议并筹划由香港中文大学新亚书院出面,邀请苏秉琦先生到中大讲学,苏先生很快就收到香港中文大学新亚书院梁秉中院长的正式邀请函。不意去港的手续正在办,1995年初先生发轻度脑梗,住在北京北苑361医院,出访暂时搁浅。为此,陈万雄总编辑特意到361医院看望,见苏先生行动虽然不大方便,但思想敏锐,谈笑风生,尤其是阐述了许多使人耳目一新的史学观点,令专攻近代史的陈总编大有非"发掘抢救"不可的迫切想法。于是果断决定,去不了香港,就在深圳接待。当然他们很希望能提供条件让苏先生再写点什么。

苏先生是中国考古界的"尊神"（徐苹芳先生语），他要去南方的消息很快就在京城文博考古界传开。近些年来，大家出于关心先生身体的好意，一般不提倡他出远门，必须去的，也要做好医护、接待等各方面的准备。这次去不去，考古界看法不一，多数人有所忧虑。那年，先生已是87岁高龄，出门要备轮椅。不少人劝我不要担这个风险，甚至半认真半开玩笑地说，出了事你如何向全国考古界交代。为此我也做过深思熟虑的权衡，以为去比不去好，问题是如何出行。坐飞机原本完全不在考虑之列，坐火车是比较理想的方案，可以从北京先到长沙，长沙有始发到深圳的特快车，可由此中转，在车上是两个晚上。先生听后，只说了一句："坐飞机。"于是出行方式就这么定了下来，并决定由我和361医院护士长郁佩玲女士陪同。国家文物局还特意给广东省文物部门打去电话，要求好好照顾。

说是去写作，先生只带了三本书，除了他的两本论文集外，就是张光直先生的《考古学专题六讲》。看来，他还是老习惯，以谈话为主。岭南的冬天，气候宜人。主人将我们安排在新华社香港分社驻深圳办事处——贝岭居，这里环境幽雅，闹中取静，使先生在深圳期间，心情一直非常愉快，谈锋甚健。因为他在第二本论文集的自序《六十年圆一梦》一文中，已有了"岁月不饶人，85岁高龄的人应该多想一些对后人要有个交代"的打算，所以这次在深圳的谈话，以回忆为主。虽然如此，谈话内容仍高屋建瓴，处处新意，经常在室外散步时或有客人来访后，先生在忆人忆事中，突发灵感。有不少想法我也是第一次听到。这些谈话大部分已收入《新探》一书，有的则未及展开，如比较东西方文明的同步性时，提出"还是从人类文明一元论考虑问题，因为地球是独一无二的"。他对渔猎文化和渔猎文化出身的满族在中国历史上的作用评价极高，说渔猎无国界，代表未来的发展趋势。还有孔子"有教无类"的"类",是种族差别,"秦学燕"等,听起来都十分新颖。先生以为,人类对自己历史的认识还很有限,"人类智慧积累已有上百万年,万年太短,大多数还是未知数"。

经过10多天的漫谈,材料已记录了半本子。着手整理时首先遇到的问题是,先生近年一再强调考古学要"科学化和大众化",如何达到先生所追求的目标,成了难题。好在先生平时写的文章大都深入浅出,这次决定先选择书的各部分标题作为切入点。一天,他谈到科普界称考古学文化区系类型学说为"板块说",先生说还是称"条块说"更确切些,于是就有了第四章的标题。有一天,到深圳博物馆参观,黄崇岳馆长说,苏先生,我虽然没听过您的课,但您讲中国文明起源是"满天星斗",我完全拥护,于是第五章就叫了"满天星斗"。至于第二章"学读'天书'",本来就是用的先生在《给年青人的话》一文中的一个现成标题;第三章"解悟与顿悟"这近似于佛教的语言,则是他解剖仰韶文化后,对研究考古文化如何"见物又见人"的深切体会和生动表达。

书的框架既已基本就绪,整理的速度也加快了。当我把"开头的话"和第一章一万多字的稿子整理出来时,正好陈总编前来看望,他迫不及待地抓起稿子到另一个房间,关门读起来,10多分钟出来后有点兴奋地说,就这样写下去。并当场决定,如苏先生愿意,可延长驻深圳的时间。就这样,我们从1996年1月8日由北京出发,2月19日大年初一返京,整整40天时间里,先生同我或廊屋促膝,或庭院漫步,展开思想的翅膀,尽穿历史隧道。从摸瓦鬲谈到"区系的中国与世界",从"超百万年的文化根系"谈到人与自然和谐共处,边讲边答疑,边整理边改,到离开深圳那天,大部分稿子都已整理出来。苏先生对此次南方之行的成果十分满意,他说,有些事

"点到为止"就可以了，这有如《论语》，以后大家去注解吧。

《中国文明起源新探》一书于1997年6月在香港出版。当月，先生突发重病。当6月17日商务印书馆编辑带着样本从香港飞京直接赶到协和医院时，苏先生在半昏迷中转头示意，他虽然不能再有所表达，但他几年前"对后人要有个交代"的打算已经实现了。书发行后，社会各界反响强烈。新闻界称为"中国考古学的世纪之作"；三联书店很快与香港商务印书馆谈成了出内地版的合同，说这本书就是给大众读的，第一次印刷一万册很快售罄，第二次又印刷了5000册，在书店也很难觅到了。人民教育出版社已把此书列入中学历史教学参考书目；与苏秉琦先生同时倡导中华文化"多元一体"的费孝通先生在《北大百年与文化自觉》一文中高度评价了《新探》一书，他说这本书"代表了北大对中国文化发展历程实事求是研究的传统，是中国人对自己文化的自觉，在中国人面临空前大转型的时刻，在学术方面集中了北大几代学者的研究成果，得出了这样一本著作，意义深长"。

2009年是苏秉琦先生百年诞辰，辽宁人民出版社很希望将这本书再版。受苏恺之兄的委托，由我代为办理再版事宜，并按出版社要求，将《新探》一书出日文版（东京：言丛社，2004年5月）时，应岛亨先生之邀所写"随笔"修改后附此。

全书由中国社会科学院考古研究所高炜先生详细校阅。特此致谢。

学术的勇气和自信
——写在新版《新探》出版之际

郭大顺

《中国文明起源新探》(以下简称《新探》)1997年6月由香港商务印书馆出版发行,隔年就由生活·读书·新知三联书店再版,当时三联书店的责任编辑孙晓林女士告诉我,书店负责人预测,这本书就是面向专业以外读者的,所以印量颇多。十年后的2007年和2008年,由辽宁人民出版社和与辽宁人民出版社有联盟关系的人民出版社分别再版,加上这次三联书店和香港商务印书馆(繁体版)再版,先后20年,《新探》中文版已出版共六版。其间还出有日文版(2004年)、英文版(2015年)和韩文版(2018年),新的英文版也在积极筹备中。2009年由中国和韩国、日本出版人组织的"东亚出版人会议"发起编辑东亚地区20世纪中叶以来人文思想文化100种优秀著作的《东亚人文100》,《新探》作为中国香港地区推荐的六种书之一入选。

　　在这20年间,有《苏秉琦文集》(文物出版社,2009年),《我的父亲苏秉琦:一个考古学家和他的时代》(苏恺之著,三联书店,2012年),《满天星斗:苏秉琦论远古中国》(赵汀阳、王星选编,中信出版社,2016年)出版,可以与《新探》相互参照。

　　这20年,也是考古学科不断有新发现、新研究成果特别是开拓新领域的时期,先生在《新探》一书中所阐述的学术思想仍经常起着指导作用,具体观点也被反复证明。《新探》一书也为历史学和专业以外如社会学、哲学、文学以及地域文化史等学界的学者所关注。许倬云先生说苏先生这本书所阐述的学术思想及其影响引发"学科革命"(许倬云《介绍〈中国文明起源新探〉——一个新的学术主题典范》,《汉学研究通讯》1997 年 3 期);费孝通先生从学科的长远建设评价《新探》的出版;哲学史界在研究"天下"和"中国"概念时特别注意苏先生学术思想中的哲学分析和推想(见《满天星斗:苏秉琦论远古中国》赵汀阳代序)。金庸先生的作品以开放观点处理中华多民族关系,说他是从北大教授苏秉琦先生《新探》一书受到的启发(北京大学国学研究院讲座,2007 年;香港中文大学讲座,2007 年)。由中央文史研究馆主编、每省一卷的《中国地域文化通览》和袁行霈先生撰写的"总绪论",也大都有对苏先生学术思想的理解和引用。

《新探》一书有如此广泛而持续的影响力,常常使我想起 1996 年底在深圳写作《新探》时的那一段令人难忘的日子。我曾有过两次集中回忆(《文物天地》1997 年 5 期和《新探》日文版序,日本言丛社,2005 年)。这次撰写"新版后记"时,正好读到陈之藩先生《智慧的火花》一文(见陈之藩《蔚蓝的天·旅美小简》,黄山书社,2009 年),文中讲述美国费城宾夕法尼亚大学的富兰克林中心有仿普林斯顿高等研究所"智者的旅店"的建筑制度,这种建筑制度"是让智者休息、乘凉、聊天的地方。研究所方面并不计较这些'旅客'的工作,只是供给他们安适的环境,与闲暇的时间,让他们去思想,去做灵魂深处的探险工作。这个制度的唯一目的,即是希望在这种环境下,让学者迸放出智慧的火花,以映照这个时代"。由此想到当年香港商务印书馆陈万雄总编辑力邀苏先生到南方,将我们安排在深圳贝岭居这处闹中取静的优雅环境，最初也是无任何具体任务，只是想把先生以前发表的文章选编一本文集，而任凭我们自由思考交谈，不也类似于陈之藩先生所描述的那种"智者的旅店"的美妙境界吗？

就是在这个贝岭居，苏先生住进后心神愉悦，思维清晰，谈锋甚健。我曾回忆，在冬日的南国，每天先生由我陪同，或廊屋促膝，或庭院漫步，展开思想的翅膀，尽穿历史隧道。不时迸发出的思想火花，不少我也是第一次听到。所以我在有关《新探》写作的回忆文章中两次选用了"捕捉火花"作为标题，一次是收入本书附录的《捕捉火花——记协助苏秉琦先生撰写〈中国文明起源新探〉》（又见2004年《中国文明起源新探》日文版和2009年辽宁人民出版社再版后记）；一次是为北京大学120年校庆撰写的回顾苏先生晚年学术思想脉络的文章：《捕捉火花——陪苏先生聊天》（见蒋朗朗主编《精神的魅力·2018》，北京大学出版社，2018年）。后一篇文章还记录了那年深圳谈话内容中未收入《新探》一书的一个重要观点，即"人类文明一元性"。为此，趁这次《新探》由三联再版的机会，将后一篇文章中记录这一观点的有关内容加以摘录，作为这篇"后记"的结尾。

"人类文明的一元性"是苏秉琦先生在论述中国考古学走向世界、与世界接轨的同时提出来的。先见于1993年北京大学赛克勒博物馆开馆时举办的"迎接21世纪的中国考古学"国际学术研讨会上先生的致辞。致辞在谈到世界三大古文明中心——西亚北非、中国为代表的东亚、中南美，都经历过类似的从氏族到国家，而国家又经历过从古国到帝国的不同发展阶段之后，说道这"证明了人类社会历史的'一元性'"（见《苏秉琦文集》三，220页，文物出版社，2009年）。三年后在深圳，先生又几次讲到这个观点。记得那次刚刚到达深圳尚未完全安顿下来，先生就谈到，世界各个国家、民族，差别虽然多种多样，但"还是从一元论考虑，因为地球是独一无二的"。隔天又进一步补充说："世界文明史一元化，指一个地球，发展阶段大致同步，发展道路有相近一面，同时相互交流，并不是封闭的。"此后几次谈到这个话题时还举清朝为例，说清初统一多民族的中华帝国的巩固和发展，就与以渔猎为本的满族所培育的"长城内外是一家"的理念有很大关系，还联系到现实如联合国的产生和最高理想等。那次从深圳回京不久，先生在家里接受了香港《明报月刊》总编辑古兆申先生的专访，专访结尾时先生再一次说道："中国的历史、世界的历史都告诉我们，人类必将对'地球村'的过去和未来取得共识，现实世界必将走向'大同'。"这次专访在《新探》出版的次月，刊于香港《明报月刊》1997年7期，是苏先生发表的最后一篇文章。所以"人类文明一元性"可以视为先生考古一生中最后的学术思考。

　　对于先生有关人类文明一元性的论述，我以前只做过介绍，并无深解。直到近些年，中国考古界与世界合作交往日趋频繁，研究中国与域外文化交流的成果也渐多起来，我也有机会留意和考察西方一些典型遗存并关注东西方文化关系，尤其是面临现实世界今后走向的疑虑，对先生这一观点才渐有感悟。我一直在思考，从以考古学文化区系类型理论指导学科研究，到提出全球人类文明一元性，其间有较大的反差，如何理解先生学术思想的这一跨越？重新阅读和理解《新探》一书的中心思想，答案似乎渐渐清晰起来。以五千年文明起源及其来龙去脉的实证研究与恢复"四裔"地区在中国历史上独特地位为重要内容的中国考古学体系的建立，不仅从时空范围具备了与世界比较和讨论相互关系的条件，而且突显中国在"地球村"中"举世无双"和"中国是大头"的地位：

世界上没有哪一个像中国如此之大的国家有始自百万年前至今不衰不断的文化发展大系。……从超百万年的文化根系,到万年前的文明起步,从五千年前氏族到国家的"古文化、古城、古国"的发展,再由早期古国发展为各霸一方的方国,最终发展为多源一统的帝国,这样一条中国国家形成的典型发展道路,以及与之同步发展的中华民族祖先的无数次组合与重组,再到秦汉时代以后几次北方民族入主中原所形成的中华民族多元一体的结构,这一有准确时间、空间框架和丰富内涵的中国历史的主体结构,在世界上是举世无双的。它所提供的对在如此广阔的国土上丰富多彩而又相互联系的文化,做出纵、横发展的"庖丁解牛"式的辩证统一的研究的条件,在全世界也没有哪个国家具备。所以,中国史在世界历史发展进程中是大头。(见本书第七章 "双接轨")

我曾回忆,20世纪六七十年代考古学文化区系类型理论的初创,面对多年形成的传统观念,需要的是学术上的勇气。在即将跨入21世纪时提出"人类文明一元性",则是充满了自信,是来自于对多年来学科健康发展的自信。由此又想到费孝通先生对《新探》一书的评价。费先生提倡文化自信是以文化自觉为基础和前提的,他于1998年在为北大百年校庆撰写的《北大百年与文化自觉》纪念文章中特意提到刚故去的苏先生和新出版的《新探》一书,说这本书就是"中国人对自己文化的自觉",因为这是一本"用古代遗传的实物来实证中国五千年的文明发展过程"的著作,"代表了北大对中国文化发展历程实事求是研究的传统"。费先生与苏先生都力主中华民族与文化"多元一体"的格局，在即将跨入新世纪之际，费先生倡导世界文明"各美其美、美人之美，美美以共，天下大同"与苏先生的"人类文明一元性"又不谋而合，二位老人心灵深处的再一次沟通，不正是他们从各自的专业角度出发，将人类未来发展大趋势的预言，建立在文化自觉的基础之上，从而表现出的文化自信吗？所以，苏先生曾经乐观地对我说：21世纪的考古学，我看到了。

2019年2月，
于海南省东方市八所镇琼西路剪半园村汇艺蓝海湾

提供图片资料单位和人员：

中国社科院考古研究所
国家文物局文物保护司
文物出版社
中国国家博物馆
吉林大学考古系
香港中文大学文物馆
河北省文物研究所
内蒙古文物考古研究所
浙江省文物考古研究所
广东省文物考古研究所
深圳市文物考古研究所
四川省文物考古研究所
成都市博物馆
辽宁省博物馆
辽宁省文物考古研究所

王予、薛玉尧、姜言忠、邵望平、刘晋祥、杨虎、高炜、付清远、朱非素、叶立中、陈国强、关子鸿、刘军、牟永抗、王明达、石永士、田广金、郭素新、郎树德、赵殿增、段书安、李言、张肖屿、李昭和、孙祖初、董新林

绘图：史晓英、王爽
勘校：高炜、邵望平

"当代学术" 第一辑

美的历程
李泽厚著

中国古代思想史论
李泽厚著

古代宗教与伦理
陈 来著

从爵本位到官本位（增补本）
阎步克著

天朝的崩溃（修订本）
茅海建著

晚清的士人与世相（增订本）
杨国强著

傅斯年
中国近代历史与政治中的个体生命
王汎森著

法律与文学
以中国传统戏剧为材料
苏 力著

刺桐城
滨海中国的地方与世界
王铭铭著

第一哲学的支点
赵汀阳著

生活・讀書・新知 三联书店 刊行

"当代学术" 第二辑

七缀集
钱锺书 著

杜诗杂说全编
曹慕樊 著

商文明
张光直 著

西周史（增补二版）
许倬云 著

拓跋史探
田余庆 著

近代中国社会的新陈代谢
陈旭麓 著

甲午战争前后的晚清政局
石 泉 著

民主四讲
王绍光 著

心灵秩序与世界历史（增订本）
吴 飞 著

海德格尔与伦理学问题（修订版）
韩 潮 著

生活·讀書·新知 三联书店 刊行